ESPIRITUALIDADE PARA NOSSO TEMPO
com Carlos de Foucauld

Coleção Caminhos no espírito

- *Cristo em todas as coisas: a espiritualidade na visão de Teilhard de Chardin* – Ursula King

- *Espiritualidade em diálogo: novos cenários da experiência espiritual* – Bruno Secondin

- *A experiência de Deus com Catarina de Hueck Doherty* – Émile-Marie Brière (org.)

- *O sentido da cruz no evangelho de João* – Cezar Luciano Ernandes Fernandes

- *Espiritualidade para nosso tempo com Carlos de Foucauld* – Edson T. Damian

Edson T. Damian

ESPIRITUALIDADE PARA NOSSO TEMPO
com Carlos de Foucauld

Dados Internacionais de Catalogação na Publicação (CIP)
(Câmara Brasileira do Livro, SP, Brasil)

Damian, Edson T.
Espiritualidade para nosso tempo com Carlos de Foucauld / Edson T. Damian. – 1. ed. – São Paulo : Paulinas, 2007. – (Coleção caminhos no espírito)

Bibliografia.
ISBN 978-85-356-2087-0

1. Espiritualidade 2. Foucauld, Charles de, 1858-1916 I. Título. II. Série.

07-6389   CDD-922.2

Índice para catálogo sistemático:
1. Padres católicos : Biografia 922.2

Direção-geral: *Flávia Reginatto*
Editora responsável: *Vera Ivanise Bombonatto*
Revisão técnica: *Irmã Palmira Miranda, icm, e padre José Bizon*
Copidesque: *Cirano Dias Pelin*
Coordenação de revisão: *Marina Mendonça*
Revisão: *Ana Cecilia Mari*
Direção de arte: *Irma Cipriani*
Gerente de produção: *Felício Calegaro Neto*
Capa: *Manuel Miramontes Rebelato*
Editoração eletrônica: *Fama Editora*

Nenhuma parte desta obra poderá ser reproduzida ou transmitida por qualquer forma e/ou quaisquer meios (eletrônico ou mecânico, incluindo fotocópia e gravação) ou arquivada em qualquer sistema ou banco de dados sem permissão escrita da Editora. Direitos reservados.

Paulinas
Rua Pedro de Toledo, 164
04039-000 – São Paulo – SP (Brasil)
Tel.: (11) 2125-3549 – Fax: (11) 2125-3548
http://www.paulinas.org.br – editora@paulinas.com.br
Telemarketing e SAC: 0800-7010081
© Pia Sociedade Filhas de São Paulo – São Paulo, 2007

APRESENTAÇÃO

Edson, irmão querido, não vou fazer uma apresentação. O livro, no mais, não a necessita.

Quero, isso sim, dar os parabéns a você e a toda essa "santa tribo" da Fraternidade Presbiteral.

Sem estruturas, na mais pura gratuidade, vocês conseguiram responder a uma necessidade vital dos sacerdotes diocesanos. E continuam, com muita fidelidade, cultivando a sua espiritualidade sacerdotal num mutirão de encontros, de comunicação, de partilha calidamente fraterna. No espírito do Ir. Carlos. No Espírito de Jesus de Nazaré, melhor dizendo.

Quando a tentação da reconquista, da contabilidade, do *marketing*, paira sobre a pastoral e contamina pessoas e instituições eclesiásticas, vocês potenciam "os meios pobres", "o deserto", "a Oração do Abandono", "a busca do último lugar", "a conversão" do dia-a-dia. "Gritando o Evangelho com a vida." Abrindo-se ao diálogo ecumênico e inter-religioso, do qual o Ir. Carlos foi um exímio precursor.

Sigam assim. Continuem sendo testemunhas esperançadas e esperançadoras, como diria o mártir Ellacuría, irmãos que somos e companheiros de tantas testemunhas de sangue em nossa América.

Ofereçam aos irmãos sacerdotes — em possível solidão e desgaste — uma acolhida regeneradora. Uma pista bem experimentada de espiritualidade integral e de ministério apaixonado.

Hoje, mais do que nunca, o jeito foucauldiano é de primeira necessidade: no despojamento ministerial, na contemplação, na diaconia, na misericórdia, na paixão por Jesus de Nazaré e pela paixão dele: o Reino!

Para ti e para toda a turma, um forte abraço no Bem-Amado, como diria o Ir. Carlos.

Abraço a todos vocês na paz militante do Evangelho dos pobres e, sempre, em esperança pascal.

Irmão velho,

PEDRO CASALDÁLIGA
Bispo emérito da
Prelazia de São Félix (MT)

IRMÃO CARLOS DE JESUS: O HOMEM DO VENTO OU UMA VIDA PORTADORA DO SOPRO DO ESPÍRITO

O teólogo Yves Congar disse que "Teresinha de Lisieux e Charles(Carlos) de Foucauld foram os grandes faróis que iluminaram o século XX". Irmão(Ir.) Carlos é ponto de referência de nossos encontros e buscas, pois estamos diante de "um místico em estado puro" (Louis Massignon), de um apaixonado por Jesus que "fez da religião um amor" (padre Huvelin). Nele, fé e amor nunca existiram separados. O Espírito Santo sempre age de forma nova e criativa na história do mundo e da Igreja. Ele é livre para suscitar homens e mulheres que nos surpreendem pela fidelidade e radicalidade no seguimento de Jesus, na prática do Evangelho, e que motivam novos impulsos e formas inesperadas de espiritualidade e evangelização. "Onde está o Espírito do Senhor, aí está a liberdade" (2Cor 3,17).

Ir. Carlos deixou-se conduzir pelo vento da liberdade e da criatividade do Espírito. Por isso seu carisma e testemunho nos surpreendem. De forma radical, ele convida a Igreja toda a "voltar ao Evangelho para encontrar Jesus", a escolher "Jesus, o Único Modelo", "a buscar o *último lugar*", a "gritar o Evangelho com a vida", isto é, ir às raízes daquilo que faz com que uma existência seja realmente cristã e evangelizadora.

Quando vivo, não conseguiu nenhum companheiro, embora o desejasse tanto! Depois de sua morte, a fecundidade do carisma de Ir. Carlos inspira não somente novas fundações (onze congregações religiosas e oito associações de fiéis), mas milhares de homens e mulheres que vivem, rezam, evangelizam seguindo suas pegadas nos cinco continentes!

É próprio dos santos romper as fronteiras da graça. E a Igreja não pode senão alegrar-se quando a novidade de Cristo e a verdade do Evangelho se irradiam além dos marcos habituais. Ir. Carlos rompe todos os marcos convencionais e torna-se um presente de Deus para a renovação de toda a Igreja. Num mundo que parece cada vez mais curvado diante do material, do conforto e do consumismo, ele oferece uma resposta a essa fome e sede de espiritualidade que marcam o nosso tempo. Dom Luciano Mendes de Almeida publicou no jornal *Folha de S. Paulo*, no dia 12 de novembro de 2005, um artigo intitulado "Irmão universal Charles de Foucauld", que conclui assim:

> Quanto bem continuará fazendo ao nosso tempo a vida de Charles de Foucauld, irmão dos pobres e excluídos. Em meio ao egoísmo, ao desperdício e ao vazio dos valores em nossa sociedade, ele nos revela a paixão pelo absoluto de Deus e a felicidade de quem aprende com o coração de Cristo a dar a vida por amor pelos irmãos.

Desejo partilhar com vocês algumas grandes linhas de uma única história de amor entre três personagens (no início só eram dois):

- Ir. Carlos ou um amante apaixonado por Jesus de Nazaré.
- Jesus de Nazaré, pobre operário, rosto humano de Deus e rosto divino do homem.
- Os pobres da terra, homens e mulheres, meus irmãos queridos.

Proponho contemplar o itinerário de Ir. Carlos em três grandes períodos.

Primeiro período: do nascimento à entrada na Trapa (15 de setembro de 1858 a 15 de janeiro de 1890)

Poder-se-ia intitular este período como: "As aventuras de um solitário". Trata-se de um solitário em busca de si mesmo, de sua identidade. "O coração não encontra paz enquanto não repousa em Deus."

Uma síntese biográfica pode ajudar-nos a identificar os elementos-chave da espiritualidade de Ir. Carlos. Nasceu em Estrasburgo, França, no dia 15 de setembro de 1858, no seio de uma família rica da velha aristocracia francesa. Seu pai era visconde. Época marcada pelos desdobramentos da Revolução Francesa. O país estava-se reconstruindo após o período napoleônico. Era ainda marcante a divisão entre vida civil e religião, entre culto e vida. Secularização e fé eram vistas como antagônicas.

Órfão de pai e mãe desde os seis anos, foi educado pelos avós. Tornou-se introvertido e melancólico. Estudou com os jesuítas, fez a primeira comunhão, mas logo abandonou a Igreja e perdeu a fé. De aluno brilhante tornou-se indolente, rebelde, arrogante. Temendo que sua preguiça e má conduta contagiassem os colegas, foi expulso pelos jesuítas. Ferido em seu orgulho, reage e, com esforço pessoal e estímulo de seu avô, consegue ser aprovado no Colégio Saint Cyr para seguir a carreira militar. No período militar, levou também uma vida libertina, desregrada, esbanjando a fortuna, herdada do avô, em festas e boemias. Acompanhou uma expedição para defender a Argélia, colônia da França. Foi afastado do exército por indisciplina, principalmente por ter levado consigo uma companheira chamada Mimi. Posteriormente, diria sobre essa época:

Eu praticava o mal, mas não o aprovava nem nele me comprazia. Uma sensação de tristeza e depressão que jamais experimentara sobrevinha nas noites em que estava só, deixava-me triste e melancólico, durante o que chamamos festas: eu as organizava, mas, chegada a hora, eu as passava em silêncio, numa repugnância, num tédio infinito.

Por conta própria, preparou-se para uma viagem de estudos geográficos ao Marrocos. Como era proibida a entrada de europeus naquele país muçulmano, percorreu três mil km disfarçado como um pobre judeu, na companhia de Mardoqueu, um rabino que lhe garantia acolhida e proteção da parte dos judeus. Para tanto, estudou hebraico e árabe, tornou-se conhecedor da Bíblia e do Corão. A viagem durou quinze meses. Retornou a Argel, onde se apaixonou por Marguerite, uma jovem protestante, filha do comandante Titre, convertida ao catolicismo e, por esse motivo, deserdada pela família. Regressou a Paris para comunicar que pretendia casar-se. Por influência de seus familiares, não levou adiante o relacionamento, pois a jovem não pertencia à sua classe social. Nesse período, a partir de sua observação perspicaz e anotações minuciosas, preparou a publicação do livro *Reconhecimento do Marrocos*, o que lhe valeu o prêmio da Academia Francesa de Geografia.

O contato com o deserto, o impacto com a espiritualidade dos muçulmanos na busca do Absoluto de Deus despertaram nele forte inquietação religiosa, adormecida por tantos anos. "O islã produziu em mim uma profunda comoção... a visão dessa fé, dessas almas vivendo continuamente na presença de Deus, fez-me entrever algo maior e mais verdadeiro que as ocupações mundanas: *ad maiora nati sumus.*" Compôs uma pequena oração, que repetia constantemente: "Deus, se existis, fazei com que eu vos conheça".

O *primeiro acontecimento-chave* deste período é sua conversão, no final de outubro de 1886. Que se passou? Ir. Carlos está escrevendo um livro de seu itinerário no Marrocos. Atravessa uma etapa de inquietação e de busca. O testemunho dos mulçumanos o questiona, como também as pessoas que vivem com ele em Paris. Seus amigos mais próximos são cristãos. Sua busca de sentido é reforçada pela paz e serenidade que emanam de sua prima, Maria de Bondy. Referindo-se ao testemunho dela, escreve:

> Uma bela alma vos secundava, meu Deus, por meio do seu silêncio, da sua doçura, da sua bondade e da sua perfeição... não se deixava notar, expandia seu perfume atraindo, mas sem intervir. Vós, meu Jesus, meu Salvador, vós fazíeis tudo, tanto por dentro como por fora... Vós me atraístes para a virtude pela beleza de uma alma em que a virtude se apresentou a mim tão bela que fascinou irremediavelmente o meu coração. Vós me atraístes para a verdade pela beleza dessa alma.

Empreende uma investigação nos filósofos e nas diferentes religiões buscando saber onde está a verdade. "Que é a verdade?" (Jo 18,38): a pergunta de Pilatos caracteriza perfeitamente sua atitude neste momento. Pede, então, à prima Maria de Bondy que lhe indique uma pessoa que conheça o cristianismo para instruí-lo. Ela o encaminha a padre Huvelin, que sabe de quem se trata, pois o via passar horas em silêncio na igreja de Santo Agostinho, onde era confessor. Teve uma intuição extraordinária ao dizer: "Este homem não tem necessidade de conhecimento, de estudo, mas precisa de uma experiência". Quando o procura para dialogar sobre o cristianismo, diz-lhe: "Ponha-se de joelhos e confesse". Ir. Carlos replica: "Mas eu não vim para isto! Vim pedir instrução". Padre Huvelin repete: "Ponha-se de joelhos e confesse". Ir. Carlos se submete, se confessa e imediatamente recebe a eucaristia. Padre Huvelin estava convencido de que a fé não é uma questão de conhecimento, ciência, sabedoria, filosofia. É uma experiência pessoal, um encontro com alguém que nos acolhe com amor. De fato, Ir. Carlos diz que logo depois toma consciência de que é amado. Por quê? Porque estava perdoado. Descobre, através de Jesus, que Deus realmente o ama porque está perdoado. Pela confissão de seus pecados encontra não um deus filósofo, mas uma *pessoa*, *alguém* que o amava e estava à sua espera para perdoá-lo. O ponto de partida para a fé não é o estudo, mas o encontro face a face com *alguém*. Depois, pode-se estudar para aprofundar o significado da fé.

Houve realmente um encontro com o Deus Vivo que o marcou para sempre. Anos mais tarde, falará da "paz infinita, da luz radiosa" que o invadiu naquela hora. Fez, ao mesmo tempo, a experiência do filho pródigo, que, no perdão, encontrou o Pai, e a dos peregrinos de Emaús, que, depois de uma longa caminhada, reconheceram o Ressuscitado no pão partilhado da eucaristia. Ir. Carlos é um órfão e a morte de seus pais, principalmente a do pai, deixou nele uma ferida profunda. Morreu em conseqüência de uma dolorosa doença, que tentaram esconder das crianças. Afetou gravemente o cérebro e seu pai foi-se apagando da vida familiar numa certa atmosfera de mistério. Sobre esse fundo de ausência, seu encontro com Deus, experimentado como Pai, deve ter sido algo extraordinário. Saboreou a ternura de Deus, do perdão que nos convida, não à penitência, mas à festa. Perdoa e entrega seu Filho na eucaristia. Anos mais tarde, recordando aquele fim de outubro de 1886, escreve: "Quando descobri que Deus existia, descobri também que não poderia viver senão só para ele. Minha vocação religiosa nasceu no mesmo instante da minha conversão".

Desde o momento em que Ir. Carlos foi laçado e conquistado por Jesus, sua vida permaneceu centrada no mistério de Deus, em quem se abandonou perdidamente. Essa entrega a Deus não inclui somente a obediência e o esforço permanente de conversão, mas inspira também o louvor e o agradecimento. Alguns exemplos:

Em 1897, onze anos depois de sua conversão, no pequeno eremitério de Nazaré, como santo Agostinho e santa Teresinha de Lisieux, recorda o seu passado e canta a misericórdia de Deus para com ele:

Meu Deus! Temos de cantar tuas misericórdias, todos nós criados para tua eterna glória e resgatados pelo sangue de Jesus, por teu sangue Jesus, que estás aqui ao meu lado no sacrário. Se todos devemos fazê-lo, muito mais eu, que desde minha infância fui cercado de tantas graças. Meu Deus, a que ponto tuas mãos me seguravam e eu nem sequer as percebia! Como és bondoso, e quanto me protegias! Tu me cobrias com tuas asas quando eu nem mesmo acreditava em tua existência. No entanto, guardavas-me assim, o tempo passava e julgaste que se aproximava a hora de fazer-me retornar ao teu redil.

Em 1904, quando já estava no Saara e continuava buscando o seu caminho, escreve ao amigo Henri de Castries evocando sua confiança absoluta em Deus, que conduz sua vida:

É tão doce sentir-se nas mãos de Deus, ser levado pelo Criador, bondade suprema, *Deus caritas est*, ele é o amor, o amante, o esposo de nossas almas no tempo e para toda a eternidade. É tão doce sentir-se conduzido por esta mão no decurso desta breve vida até a eternidade de luz e de amor para a qual nos criou.

A partir desse momento coloca-se para ele a grande questão de são Paulo: "Senhor, que queres que eu faça?". Após a conversão-encontro com Deus, nasce a pergunta. Trata-se de responder à vocação que se enraíza no rosto encontrado. A maneira como Deus revela seu rosto define também a vida e a missão a que ele nos chama. No início da Carta aos Romanos, Paulo se apresenta dizendo "recebi uma graça e uma missão" (cf. 1,5). A graça é o encontro com o rosto de Deus. A missão é a tarefa que brota do encontro. O rosto de Deus manifestado através da pessoa de Jesus é o que vai definir a vocação e a missão.

Padre Huvelin pensa que Ir. Carlos quer entrar depressa demais numa congregação religiosa, a mais severa de todas. Por isso manda-o fazer uma peregrinação à Terra Santa, no final de 1888 e janeiro de 1889. Não vou descrever a peregrinação, quero apenas destacar uma descoberta marcante, determinante na vida de Ir. Carlos. Desembarca em Jafa, sobe logo a Jerusalém e de lá segue para Belém, para o dia 25 de dezembro. O mistério da encarnação causa-lhe impacto, mas percebe que de Belém se descortinam os campanários de Jerusalém. A alegria da vinda de Jesus está presente, mas, ao mesmo tempo, está ligada ao Gólgota, ao acontecimento da cruz. Volta a Jerusalém, dirige-se para a Galiléia e detém-se em Nazaré, o único lugar para o qual volta uma segunda vez. Em Nazaré encontra a resposta à pergunta "que devo fazer?".

É o *segundo acontecimento-chave*, ou a segunda revelação do amor de Deus. Ir. Carlos diz: "Estou percorrendo os mesmos caminhos que Deus, o pobre operário, caminhou, aqui em Nazaré. É o rosto de Deus, pobre operário, um dos nossos". Mais adiante, chega a dizer várias vezes: a partir deste momento o rosto de Jesus de Nazaré, o rosto de Deus pobre operário de Nazaré, determinou sua vocação.

Em 1886, pela conversão, o acontecimento-chave foi o encontro com Deus que perdoa, fazendo a experiência do perdão e da gratuidade do amor salvador na eucaristia. Em 1889, é o encontro do rosto de Jesus de Nazaré. Três mistérios vão marcar sua vida a partir dos lugares em que aconteceram. É importante sublinhar que os três mistérios se apresentam nesta ordem:

Belém

A encarnação que ele descobre neste momento, e de maneira muito precisa, é uma indescritível descida, uma "incrível humildade" de Deus que se faz um de nós.

Jerusalém

A cruz revela a loucura do amor de Deus por nós. "Amamos a Deus porque ele nos amou primeiro. A Paixão, o Calvário são a suprema declaração de amor. O amor é o meio mais poderoso para fazer-se amar. E também porque sofrer por quem se ama é o meio mais invencível de provar que se ama."

Nazaré

"Uma incrível solidariedade." Ele vê Nazaré à luz de Jerusalém, do mistério da cruz. Nazaré é o rebaixamento, o aniquilamento. Por quê? Porque o Filho de Deus se faz operário. É o visconde quem raciocina. Durante muito tempo ele contempla em Nazaré apenas o aspecto do rebaixamento, de aniquilamento. Na medida em que avança, sua visão de Nazaré evoluirá muito no sentido da solidariedade.

A partir de então, Ir. Carlos procura responder à questão "que devo fazer?". "Imitar Jesus em sua vida escondida de Nazaré." Sabe-se disso porque logo em seguida fez quatro grandes retiros e deixou-nos muitos escritos marcados por essa busca: onde viver essa vida escondida de Nazaré? Na busca de abjeção, esvaziamento, anonimato.

Com a conversão, aflorou em De Foucauld o desejo de imitação, identificação pessoal com Jesus. "Não suporto viver outra vida que não seja a de Jesus de Nazaré." A dimensão da vida de Jesus que mais apaixonou Ir. Carlos e a qual quis imitar foi a do "operário filho de Maria (Mc 6,3) que, em Nazaré, assumiu a vida humilde e ordinária dos seus conterrâneos. "Deus, Ser infinito, o Onipotente se fez homem, o último dos seres humanos." Estabelece um programa de vida:

> Para mim, procurar sempre os últimos lugares a fim de ser tão pequeno quanto foi meu Mestre, caminhar passo a passo com ele, como um discípulo fiel, viver com o meu Deus que viveu assim por toda a vida e me deu um exemplo desde o seu nascimento.

Seu primeiro desejo foi buscar a forma de vida religiosa mais severa e exigente em que pudesse viver o Absoluto de Deus na fidelidade ao seguimento de Jesus. Depois da peregrinação à Terra Santa, seguindo a orientação de padre Huvelin, entrou na Trapa de Akbes, na Síria, onde permaneceu seis anos.

Segundo período: as duas partes de um noviciado (janeiro de 1890 a agosto de 1900)

1ª parte: o monge trapista, irmão Maria Alberico.

2ª parte: três anos em Nazaré, servidor das clarissas.

Na verdade, todo este período constitui um longo noviciado. Se o primeiro período é essencialmente uma busca de identidade, um buscar-se a si mesmo, agora é uma busca de ruptura consigo e com o seu passado, por causa de Jesus e do Evangelho. Por isso é que busca a Trapa mais pobre e a mais afastada daqueles que ele ama, do seu passado.

A primeira etapa se estende de 16 de janeiro de 1890 até 1897. Ir. Carlos entra na Trapa. É o terceiro acontecimento-chave, que ele denomina "o grande sacrifício ou o dia da obediência a Deus". É o dia do adeus a padre Huvelin, a Maria de Bondy e a todas as pessoas que ele ama. É uma ruptura que lhe custa enormemente. Vinte anos depois, escreve: "No dia 15 de janeiro de 1890, às 17h10, eu entrei na casa de padre Huvelin. Às 17h35, fui à casa de Maria de Bondy. Às 17h55, deixei a casa de Maria de Bondy. No dia seguinte, 16 de janeiro, entrei na Trapa". O dia mais importante não é 16 de janeiro, mas o dia 15, o dia do grande sacrifício. Como se pode ver, a data contém altíssima dose de sacrifício.

Sacrifício que me custou todas as lágrimas, pois desde esse dia não choro, parece que não tenho mais lágrimas... mas que, em algumas ocasiões, quando penso nele... A ferida do dia 15 de janeiro continua a mesma... O sacrifício de então continua sendo o sacrifício de cada hora.

Neste período, em suas meditações volta sempre a expressão: "Estou na Trapa para seguir a Jesus na sua vida escondida em Nazaré". A dimensão da vida de Jesus que mais apaixonou Ir. Carlos e a qual quis imitar foi a do "operário, filho de Maria" (Mc 6,3), que teve em Nazaré a vida pobre e ordinária dos seus compatriotas. Ir. Carlos é alguém que sempre precisa expressar o que descobre e sente. A partir desse momento, seguir Jesus e viver somente para Deus será algo extremamente concreto para ele: nessa aldeiazinha Jesus viveu durante trinta anos. Segui-lo será, portanto, partilhar concretamente a mesma vida e viver somente para Deus. Será escolher a vida escondida em Nazaré, numa condição de pobreza, anonimato:

> Minha vocação é descer. O Evangelho nos diz que Jesus desceu com eles para Nazaré. A vida toda ele só fez descer. Descer encarnando-se. Descer fazendo-se criancinha, descer obedecendo, descer tornando-se pobre, abandonado, perseguido, torturado, colocando-se sempre no último lugar.

Sua meta consiste em "rebaixar-se", abaixar-se sempre mais. Há algo de extraordinariamente belo nesta etapa: a necessidade de viver de forma real essa ruptura pascal permite abrir-se para Deus.

Que reter deste período? Depressa ele vai sentir que a Trapa ainda não permite viver radicalmente as pegadas de Jesus de Nazaré. Percebe que ainda não encontrou o que está buscando. Por quê? Talvez o mais importante não seja a razão que ele mesmo dá. Certamente, isto traduz algo, mas, como sempre, temos dificuldade de expressar para nós mesmos as razões profundas que comandam o nosso agir. Em todo caso, podemos anotar duas coisas que parecem importantes. Em particular, há um pequeno caso que teve grande relevância em sua vida. Certa noite, mandaram-no velar um vizinho, um pobre camponês que tinha morrido. Na ocasião, ele se dá conta da pobreza do povo da região. Na volta, escreve: "É *verdade que a Trapa de Akbès é muito pobre. Mas não é a pobreza do povo"*. Não é a pobreza que o povo vive, então, não é a pobreza de Jesus de Nazaré. O povo é muito mais pobre que eles; vive um outro tipo de pobreza. Além disso, aos poucos foi percebendo que o modo de viver e rezar dos monges se afastava dos pobres e do jeito de viver de Jesus de Nazaré.

Outro acontecimento marcante presente em várias das suas cartas: no período do massacre dos armênios, ele se encontra na Trapa protegida pelo exército turco que massacra seus irmãos, os cristãos armênios. Percebe o absurdo da situação. Há, ainda, outros acontecimentos. O superior pede-lhe para dirigir um grupo de operários para fazer uma estrada através da propriedade, dando possibilidade de acesso aos campos para trabalhar a terra. Faz o papel de engenheiro e diz: "Isso não é abaixar-se, ser o último, viver escondido...".

Começa a escrever uma primeira Regra, em 1896. Já que a Trapa não corresponde ao que busca, deve criar outra forma de vida religiosa. Como padre Huvelin lhe diz que é impossível viver tal Regra, redige outra, em 1899, que conclui após sua saída da Trapa e que levará junto até o fim da vida. É a Regra dos "Eremitas do Sagrado Coração de Jesus". Dela só mudará algumas palavras. Em 1901, durante seu retiro de ordenação, substitui para "Eremitas Irmãozinhos do Sagrado Coração de Jesus".

Durante este período, padre Huvelin escreve-lhe: "Há em você um impulso muito profundo e não se encontra no lugar onde deveria estar". Já havia escrito, em 1895, para Maria de Bondy: "Ele não ficará na Trapa". Tinha sentido que alguma coisa não ia bem e não sabia como orientá-lo. Por isso pediu-lhe que permanecesse na Trapa.

O quarto acontecimento-chave acontece no dia 23 de janeiro de 1897. No período que antecedeu essa data, viveu a etapa da obediência mais difícil, "a obediência de Abraão". Pede para sair da Trapa. Os superiores não concordam e o enviam a Roma para estudar teologia. De 15 a 23 de janeiro faz um retiro e reitera seu pedido. Escreveu para Maria de Bondy:

> No dia em que minha vocação estiver clara para meu padre-geral e para meu mestre espiritual e lhes parecer evidente que Deus já não me quer na Trapa, eles me avisarão e me aconselharão a retirar-me. São extremamente delicados de consciência para me deterem, nem sequer um dia, quando perceberem que a vontade de Deus é outra.

O superior-geral chega de Roma e decide examinar pessoalmente o pedido e dar-lhe uma resposta. Ir. Carlos diz ao geral: "Farei o que o Senhor decidir. Se o Senhor disser que eu posso partir, ficarei alegre e partirei. Se disser que devo continuar a teologia, fazer os votos perpétuos, ser ordenado padre, eu obedecerei". Faz um retiro à espera da resposta do superior. Nisto consiste a obediência religiosa: comunhão entre pessoas na procura da vontade de Deus. Que é que Deus quer? Nunca está totalmente claro para ninguém. Qual a verdadeira resposta que devemos dar? A vida religiosa consiste em buscar em comunhão com os outros. O voto de obediência consiste em procurar a maior conformidade possível ao que Deus espera de mim junto com a comunidade. A obediência exige unir-se a outras pessoas. Ir. Carlos vive com intensidade tal momento. Se o superior lhe tivesse pedido para ficar na Trapa, sua vida, indubitavelmente, teria sido outra.

Era a obediência de Abraão, porque ele já tinha escrito suas constituições. Se o superior lhe pedisse que continuasse na Trapa, significaria renunciar ao seu plano de fundador. Mas, no dia 23 de janeiro, o superior-geral diz-lhe: "Siga seu caminho". Nesse momento escreve cartas muito bonitas, transbordantes de alegria. O trapista dom Luís Gonzaga escreve uma carta que mostra a reação que teve a Ordem com a saída de Ir. Carlos:

Nosso irmão Maria Alberico abandonou definitivamente a Ordem para levar na Palestina, creio, vida de ermitão ou algo parecido. É uma desventura e uma grande dor para mim. Pensava que em Roma as coisas não seriam tratadas tão bruscamente, mas deve-se reconhecer que ele é realmente tenaz em seus desejos e decisões, para não dizer outra coisa. Para dizer a verdade, em nossa Ordem, gostou de algumas pessoas, de padre Policarpo, de ti, de mim, de alguns outros, mas pouco da própria Ordem. É a própria imagem da nobreza do século XIX, corajoso, generoso com seu sangue e seu dinheiro, e às vezes, como nesse caso, santo, mas incapaz de obediência contínua e disciplinada, sob um comando. Poderá chegar a ser santo, e assim o desejo, mas a seu modo, não obedecendo. Fez sacrifícios grandes e belos demais para que se perca. Em minha opinião, a garantia seria o caminho extraordinário a que se propõe.

Que vai fazer agora? Está sempre sob a direção de padre Huvelin, que lhe escreve:

Vá viver na sombra de um convento. Não pense em agrupar almas em torno de você, muito menos em lhes oferecer uma regra de vida. Viva sua vida. Depois, se pessoas se aproximarem, vivam juntos a mesma vida sem regulamentar nada. Sobre este ponto eu sou firme.

Padre Huvelin conhece bem Ir. Carlos e sabe que é preciso dizer-lhe as coisas claramente. Ele sai da Trapa e parte diretamente da Itália para a Palestina. Passa por Jerusalém e vai a Nazaré. Lá, procura um convento que queira acolhê-lo. Por intermédio de um franciscano, vai morar junto ao Mosteiro das Clarissas. Começa sua vida de Nazaré em Nazaré: será seu segundo noviciado. Servidor das clarissas do dia 4 de março de 1897 até agosto de 1900.

Durante esse período, o que busca, acima de tudo, é abaixar-se, esconder-se o mais possível, desaparecer. Quer ser desprezado. Veste-se de maneira esquisita e sente-se feliz quando as crianças da rua atiram-lhe pedras. Procura a abjeção de Jesus na cruz.

Faz uma verdadeira experiência de "sepultamento", busca o último lugar. É também um período de fortes tentações. Tentação de fuga. Dá-se conta de que é inviável permanecer ali. Vive numa obediência total a padre Huvelin. A cada 15 dias ocorre-lhe uma nova idéia. Escreve ao padre o que pensa e este lhe responde: "Não, fique em Nazaré". Ele obedece. Abandona o projeto e retoma sua vida em Nazaré. Semanas depois, uma nova idéia lhe vem: "É preciso que eu parta à França para fazer uma coleta em favor das bravas religiosas de Nazaré, porque elas não têm nada para viver. Conheço muitas pessoas na França, devo procurá-las para esta coleta".

Há outras tentações. Um dia, ele ouve falar de uma viúva cujo filho partiu para a França a fim de trabalhar e ajudar sua mãe. Mas o desejo do jovem é entrar na Trapa.

Então, Ir. Carlos decide: "Vou vender-me às irmãs da caridade. Trabalharei ao serviço delas num hospital; elas darão uma pequena soma de dinheiro a esta viúva para que possa sobreviver e, assim, o seu filho poderá entrar na Trapa". É exatamente a vocação daqueles que se vendiam aos outros durante a Idade Média. Comunica a padre Huvelin, e vem a resposta: "Não, fique em seu lugar em Nazaré". Segundo os critérios de hoje, esta teria sido a mais bela ocasião de Ir. Carlos tornar-se um verdadeiro "irmãozinho" de Jesus.

O projeto seguinte é a famosa compra do monte das Bem-aventuranças. Diz para si mesmo: "O monte das Bem-aventuranças ainda pertence aos pagãos. Se puder comprá-lo, estabelecer-me-ei lá como eremita". Uma nova aventura que lhe vai custar caro. Um vigarista levou boa soma de dinheiro que ele conseguiu de amigos da França e o monte continuou nas mãos dos "pagãos".

Nesse período escreve muito. A maior parte das meditações do Evangelho, publicadas em oito volumes, são dessa época. Passa horas e horas rezando, fazendo adoração ou meditando diante da eucaristia. Medita e escreve. Talvez escreva tanto para driblar o sono e evitar as distrações.

Tem o desejo de abaixar-se, esconder-se, desaparecer, o desejo de intimidade com Jesus. "Rezar é freqüentar Jesus." Mas dá-se conta de que algo falta em sua vida. O encontro dual de Ir. Carlos – Jesus foi levado até o fim. No entanto, percebe cada vez mais, no coração dessa intimidade real, que Jesus não veio simplesmente para um encontro a dois, mas para congregar todos os seres humanos. É preciso levar adiante essa Boa-Nova, trabalhar pela salvação das pessoas não somente na intimidade com Jesus, mas no relacionamento com elas. Mesmo querendo sepultar-se, isso leva, agora, a pensar em fugir, procurar outro lugar. Por quê?

Porque é preciso reencontrar as pessoas e nesse período de Nazaré ele não vê quase ninguém. Através das grades vê a superiora das clarissas de vez em quando e a cada semana sai para confessar-se. Além disso, a eucaristia de Jesus e ele. Falta um terceiro personagem. Isso ainda não está muito claro em sua mente, mas evidente em suas buscas, em seus gestos. Aos poucos, surgem outras descobertas: a necessidade de relação com os outros, o amor e o serviço aos mais pobres.

Nessa época nascem os textos sobre *os três tipos de vida*. A melhor vida religiosa é a imitação de Jesus. Ora, Jesus viveu três etapas — *a vida no deserto* (não sou feito para não comer); *a vida de pregação* (pregar não é minha vocação); *a vida de Nazaré* (sou feito por ela). Tenta sistematizar tudo o que sente e, ao mesmo tempo, procura persuadir-se de que deve ficar em Nazaré, como aconselha padre Huvelin. Mas algo novo e importante aparece neste momento: suas meditações sobre o mistério da visitação. Descobre uma rica simbologia que integra maravilhosamente *Nazaré* (a virgem de Nazaré), a *eucaristia* (a presença escondida de Jesus no seio de Maria, o que Ir. Carlos vai também querer fazer: transportar a eucaristia) e *trabalhar na salvação das almas* (Jesus, presente em Maria, santifica João Batista pela simples presença). Aos seus olhos, não se trata tanto de uma visita de caridade para servir a sua prima nos últimos meses de gravidez e no momento do parto. Embora isso seja importante, há algo mais: "Maria parte para santificar são João, para anunciar-lhe a Boa-Nova, para evangelizá-lo e santificá-lo, não com as palavras, mas levando-lhe Jesus, em silêncio, na sua morada".

Deste período devemos ressaltar, ainda, outro elemento. Foi uma época de tentações vividas numa obediência cega. Talvez não por acaso, mas como conseqüência constituiu um estágio único em que Ir. Carlos recebeu muitos favores divinos, graças da presença de Deus na "noite escura". Padre René Voillaume fala de "imensas graças místicas".

Lendo seus escritos, em particular do Natal de 1897 à Páscoa de 1898, nota-se que atravessa um período de trevas, vive "a noite escura". Pergunta-se: "Por que permanecer em Nazaré? Que sentido tem esta vida? No entanto, Deus pede que eu permaneça aqui, porque meu diretor espiritual me aconselha". Vive, apesar desta dificuldade, o consolo da presença de Deus na noite, a certeza de que ele está presente no meio de suas incertezas e buscas.

Começa a cogitar a possibilidade da ordenação sacerdotal. Por quê? Porque Ir. Carlos é um bom monge contemplativo e sabe muito bem que, segundo a tradição, não é possível ser verdadeiro monge contemplativo e estar a serviço dos outros (é o que lhe falta, a relação com os outros) sem ser sacerdote. Qual é o serviço compatível com a vida "totalmente contemplativa" (como ele mesmo diz: "Minha vida deve ser toda contemplativa") e ao mesmo tempo a serviço dos seres humanos? O sacerdócio. Talvez tenha sido esta a última tentação: permitir-se deixar Nazaré e dar um passo novo. A questão é: a*onde ir?* Outra vez uma longa busca. Escreve a padre Huvelin:

> Permaneço na espera. Deus me trouxe até aqui. Por conselho seu, permaneço aqui. Deixo que ele conduza minha vida. Quando ele quiser que eu parta, se por acaso quiser, o que me parece certo, ele me mostrará claramente por sua voz, querido padre, ou pelos acontecimentos. Assim espero e me deixo conduzir.

Ir. Carlos demora para encontrar "a nova Nazaré", mas está no rumo certo, pois a generosidade dos passos dados anteriormente e a fidelidade ao Bem-Amado e ao Evangelho determinam a nova busca e opção a ser tomada. Decide ir ao deserto do Saara para viver entre os nômades, principalmente entre os tuaregues, entre os muçulmanos que lhe causaram forte impacto quando fez a viagem de reconhecimento da geografia do Marrocos.

Terceiro período: de 1900 até o final da vida

Amo a Jesus Cristo, embora com um coração que gostaria de amar mais e melhor. Apesar disso, eu o amo e não posso suportar viver outra vida que não seja a sua.

Em agosto de 1900, parte bruscamente da Terra Santa para encontrar-se com padre Huvelin e combinar com ele a preparação para a ordenação presbiteral. É a grande mudança: passar de uma concepção de vida religiosa em que tudo está centralizado no relacionamento com Deus (o que é correto, pois esta relação é fundamental, prioritária) a uma concepção na qual se integra um elemento novo: a presença dos outros, o serviço aos irmãos, o missionário em busca dos mais abandonados. Por isso, esta evolução do terceiro período pode denominar-se: *bailando a três*. Já não é mais um dueto.

Estuda teologia na Trapa de Nossa Senhora das Neves e recebe a ordenação sacerdotal no dia 9 de junho de 1901, na capela do Seminário Maior de Viviers, com a firme decisão de levar o banquete da eucaristia aos pobres.

Os meus últimos retiros do diaconato e do sacerdócio mostraram-me que essa vida, que por vocação tinha levado em

Nazaré, eu devia continuá-la longe da Terra Santa, no meio das almas mais enfermas, das ovelhas mais desamparadas do rebanho. O banquete divino, do qual era ministro, devia levá-lo não aos parentes e vizinhos ricos, mas aos mais aleijados, aos mais cegos, aos mais abandonados.

Essa luminosa tomada de consciência revela o sentido pastoral, eclesial e missionário do "irmão universal". Durante os 15 anos vividos em Béni-Abbès e em Tamanrasset, permanecendo por longas horas na companhia do Santíssimo Sacramento, no silêncio do deserto, Ir. Carlos apresenta o mundo a Deus e contribui humildemente para fazer conhecer a Boa-Nova da salvação, cumprindo assim, com fidelidade, sua missão presbiteral.

Após sua ordenação começa o período mais longo que vai até sua morte, em 1916. Que marca este terceiro período? Nas etapas anteriores, queria sempre maior distância de seu passado, ficar o mais longe possível de tudo o que amava, a começar pelos familiares e amigos. Agora, vai mudar, embora só explicite isso no final da vida. A partir de agora, busca ser sempre mais íntimo na aproximação dos outros, mais comprometido com todos. Já não é afastando-se dos outros que vai libertar-se de si mesmo, de seu projeto, de suas idéias, mas sim ligando-se aos outros é que vai, de fato, ficar desprendido de si mesmo e entregue a Deus e aos outros.

É impossível falar de todo este longo período... A primeira pergunta tinha sido: "Que devo fazer?". Depois: "Para onde ir?". Agora será: "Como trabalhar pela salvação das almas?". No início, ele pensava em trabalhar pela salvação dos irmãos através do aniquilamento, do sacrifício, da renúncia de si mesmo, o que nunca perderá o seu valor. Medita o que diz são Paulo: "Jesus era rico e se fez pobre para enriquecernos com sua pobreza". Jesus se fez pobre para ser nosso irmão, não para ser pobre. Não é pelo fato de nada possuir que nos enriqueceu, mas porque criou laços conosco é que pode transmitir-nos sua vida. Isso constitui o cerne da última etapa da vida de Ir. Carlos. Não digo "descobriu" porque ele nunca fez teologia disto. Uma vida é como um rio: as águas correm mansamente no seu leito, mas de tempos em tempos irrompe um Ir. Carlos que causa inundação. As águas vão além das margens, transbordam. Se essa água não provém do Espírito Santo, a água profunda de sua vocação, ela se diluirá nas areias do deserto. Se, ao contrário, corresponde exatamente ao que Deus pede, são águas que se avolumam e este rio se aprofunda cada vez mais.

Aqui também passou por diferentes etapas: primeiro em Béni-Abbès, onde vive como *monge de clausura,* monge perdido no mundo. Pouco a pouco, descobre que o Senhor pede-lhe para não ficar fechado num eremitério. Quando seu amigo Lapérinne o convida para colaborar com ele nos acampamentos dos tuaregues, sente um forte apelo para atender. Contudo resiste. Por quê? De um lado, estava próximo do Marrocos, para onde sonhava um dia poder entrar. Mas a grande razão que o detém é que, se ele parte, renuncia ao projeto de fundar uma congregação. Para conseguir irmãos, deveria permanecer em Béni-Abbès. Por isso que resiste. Escreve a padre Huvelin: "Lapérinne me convidou duas vezes. Mas respondi que fico aqui". Dois dias depois, recebe um telegrama do vigário apostólico do Saara, monsenhor Guérin, que lhe diz: "Estaria a favor de sua ida ao Hoggar". É curioso ler as meditações desse dia sobre o abandono à vontade de Deus: "Estou disposto a fazer tudo o que Deus quiser. Se, por acaso, alguma coisa me indicar que a vontade de Deus se manifesta a favor...". Três dias depois, ele parte. É fantástico constatar nele, ao mesmo tempo, um homem profundamente humano e uma obediência notável. Retoma o texto da visitação: "Maria partiu apressadamente para a região montanhosa".

Não é um detalhe. Isso determina a saída do pequeno convento que construíra em Béni-Abbès, que tinha muitos aspectos interessantes, mas também muitos córregos que se perdiam na areia...

Em 1904, a saída da clausura. Aflora com intensidade o interesse por criar laços com o povo. Um dos textos que retoma, muitas vezes, em suas meditações é Mt 25. No dia 26 de maio de 1905, chega ao Hoggar, no oásis de Tit, e vê dois lugares onde poderia instalar a Fraternidade: "O primeiro tem o inconveniente de estar muito perto do povo e exposto a muitas visitas. O segundo tem a vantagem de estar longe das pessoas e do barulho". É o começo de sua meditação. Depois, faz Jesus falar. Espera uma resposta. "Para onde deve ir?" Ao primeiro lugar ou ao segundo? E Jesus diz:

Estabelece-te no primeiro lugar, onde tens ao mesmo tempo a perfeição de minha imitação e a perfeição da caridade. É o amor que deve recolher-te em mim, interiormente, e não o afastamento de meus irmãos. Procura ver-me neles e como eu, em Nazaré, vivia próximo deles, perdido em Deus.

Poder-se-ia dizer que é uma reflexão escrita de passagem. No dia seguinte, encontram-se alusões à sua vida em Béni-Abbès, ao monge de clausura. Retornam seus hábitos monacais, sobretudo se está em retiro. Retoma, então, sua Regra de 1899 e se pergunta se continua sendo fiel à mesma. Alguns dias depois, vive outra coisa. O critério para compreender sua vida não são apenas as meditações e as cartas, mas o que elas plasmam, de forma constante, em sua caminhada. Além disso, sem conhecer a "teologia dos sinais dos tempos"(que aprendemos com o papa João XXIII), Ir. Carlos está sempre atento às circunstâncias, aos acontecimentos, e deixa-se conduzir pelo vento do Espírito que conduz os seres humanos, a Igreja e a história. Não há dúvida de que, a partir de 1904 e até 1916, ele vai ampliando o sentido da vida de Nazaré. O relacionamento fraterno, as amizades não vão impedir as grandes rupturas pascais. Na medida em que se deixa consumir pelos outros, novas rupturas vão existir certamente, porém não são as rupturas que vive um monge. Vai assumindo a vida contemplativa de uma forma diferente, com meios novos. É a vida de Nazaré profundamente unida ao mistério da redenção, um jeito novo de entrar no mistério da redenção. Jesus viveu a vida pública e a Paixão a partir da vida-inserção em Nazaré. É precisamente neste sentido que Jesus foi *nazareno*. O trapista encontrou a outra face do rosto de Cristo, que não é contraditória, mas complementar: o interesse pela *salvação das almas*. Devemos abordar, aqui, dois assuntos importantes:

1. O primeiro é sua atitude diante da eucaristia, manifestada na resposta à carta de monsenhor Guérin, no dia 2 de julho de 1907, antes de viajar ao Hoggar. Monsenhor Guérin havia-lhe escrito: "Se você permanecer no Hoggar, saiba que estará só e as leis da Igreja, no momento, não permitem a um padre celebrar a eucaristia sozinho". Então, ele se pergunta: "Ir ao Hoggar ou, ao contrário, não partir para poder continuar celebrando a eucaristia?". Escreve a monsenhor Guérin: "Até o presente, sempre pensei que deveríamos considerar a eucaristia antes de tudo. A eucaristia é a presença de Deus, é o Infinito. Mas deve haver algo equivocado nesta

forma de pensar, pois constato que desde os apóstolos, os maiores santos, em certas circunstâncias, sacrificaram a possibilidade de celebrar a eucaristia diante da urgência da caridade, de viagens etc".

É certo que só diz isso uma vez. Mas por mais de seis meses ele vai viver essa realidade. No dia 31 de janeiro de 1908, ele recebe a permissão para celebrar a eucaristia sozinho, mas não pode conservar o Santíssimo. E jamais se perguntou se havia motivo para não permanecer no Hoggar. Compreendeu que levar adiante sua presença e missão junto aos tuaregues não estava em oposição à eucaristia, mas direta e intimamente concatenada com sua espiritualidade eucarística. Houve também uma evolução em relação à sua compreensão da eucaristia. No início, imagina que a presença eucarística se irradiaria quase que fisicamente e que os muçulmanos se converteriam ao cristianismo graças à força irradiadora da eucaristia. Depois, compreende que a eucaristia se irradia pela mediação do sacramento dos gestos humanos e cristãos, através da acolhida, da bondade, da amizade. "Quero acostumar todos os habitantes do lugar, cristãos, muçulmanos, judeus e pagãos, a considerar-me como irmão — o irmão universal. Começam a chamar a casa de 'fraternidade' (*la khaoua*, em árabe), e isso me enche de alegria."

2. O segundo aspecto importante refere-se à sua evolução quanto ao papel dos religiosos e dos leigos e a propósito do sacerdócio. O mais importante neste terceiro período é o sacerdócio dos fiéis. No final de sua vida, quase não exerce o sacerdócio ministerial, pois os paroquianos são todos mulçumanos.

Então, descobre o que ele chama de *sacerdócio místico*, isto é, o sacerdócio batismal. Ele vive criando laços fraternos com aqueles que o adotaram. Laços gerados pelo apostolado da bondade que tanto recomenda aos missionários leigos, semelhantes a Priscila e Áquila, que deseja tanto ver chegar: missionários leigos que evangelizam através de presença cristã, do testemunho de uma vida evangélica, dos laços criados pela amizade, da oração de intercessão.

Ir. Carlos sempre desejou fundar congregações, associações de fiéis, mas Deus o despojou desse sonho. No entanto, começa a fundar algo novo para a Igreja quando se faz verdadeiramente irmão de todos. Quando começa a compreender que não deve contrapor a vida contemplativa à ação evangelizadora. A obra da salvação se realiza pela superabundância da vida contemplativa que transborda no amor que dedica aos tuaregues e no extraordinário interesse que manifesta por todos os aspectos da sua cultura. Ainda não os vê preparados para receber diretamente o Evangelho, mas intui que habita neles a *Semina Verbi*. Descobre que a evangelização é um processo muito mais exigente do que havia imaginado. Passa a ser mais paciente e gasta vários anos na convivência fraterna com os tuaregues, aprendendo e ensinando. Aprende a língua deles e codifica-a num dicionário. Codificar uma língua oral é tarefa árdua, que exige extraordinária sensibilidade para perceber e distinguir os sons. Ele entra no coração e sintoniza com os sentimentos da cultura tuaregue. Em seguida, descobre os valores, a filosofia, a sabedoria dessa cultura através de suas lendas e provérbios, que constituem um presente de Deus para toda a humanidade.

Como o grão caído na terra

"Se o grão caído na terra não morrer, permanece só. Se morrer, dará muitos frutos" (Jo 12,24). Essa palavra de Jesus Ir. Carlos a citou, muitas vezes, ao longo de sua vida. Primeiro, para evocar essa morte espiritual, simbólica, que devia aniquilar seu ego a fim de deixar todo o lugar *àquele* que queria viver nele. "Que não seja mais eu quem viva, mas vós que vivais em mim." Ele colocava no mesmo plano essa morte a si mesmo e sua conversão permanente, condições indispensáveis para que sua vida fosse produtiva: "É preciso que eu me torne melhor, me converta, morra, como o grão de trigo que, se não morrer, permanece só. Eu não morri, então estou só. Reze por minha conversão, a fim de que, morrendo, dê fruto".

Se a paixão de Jesus é martírio, compreende-se por que Ir. Carlos, querendo imitar Jesus, tenha desejado morrer mártir. O pensamento que escreveu no dia 6 de junho de 1897 revelar-se-ia, depois, uma profecia detalhada; é bem conhecido e citado freqüentemente:

> Pensa que deves morrer mártir, despojado de tudo, estendido no chão, nu, irreconhecível, coberto de sangue e de feridas, assassinado de modo violento e doloroso... e deseja que isto aconteça hoje mesmo. Para que eu te conceda esta graça infinita, sê fiel na constante vigília e em levar a cruz. Capacita-te de que é neste tipo de morte que deve verificar-se o desfecho de toda a tua vida. Toma consciência, assim, do pouco valor de tantas coisas. Pensa freqüentemente nessa morte, para te preparares para ela e dares às coisas o seu verdadeiro valor.

O grão jogado na terra evoca o que foi sua morte, uma morte muito banal, um acontecimento insignificante, um nome a mais na lista já longa das vítimas da guerra. No dia 1º de dezembro de 1916, enquanto a guerrilha sanussi saqueia o eremitério, Ir. Carlos fica sob a guarda de um rapaz de 15 anos, o qual, num momento de confusão, encosta-lhe o cano do fuzil na cabeça e dispara.

Ele, que tinha mostrado uma tal resistência ao sofrimento físico e moral ao longo de sua vida, morre quase de repente. Nos minutos que precederam o golpe fatal, terá ele tido consciência de que a hora chegara?

Poderíamos ter imaginado uma morte heróica e sublime ao longo de uma vida da qual retivemos, sobretudo, aspectos extraordinários. Mas não passou de um seqüestro fracassado, um ato inacabado, um golpe frustrado. Os atores puderam considerar exitosa sua operação. Seu sucesso sublinha o fracasso aparente de toda uma vida. A obra humana do marabuto simbolizada pelos muros fortificados do seu "forte" mostrou-se perfeitamente inútil. A banalidade e a rapidez dessa morte é como a coroação de uma vida que se quisera inteiramente escondida em Deus, sem aparecer aos olhos humanos. Para um olhar profano, com efeito, essa morte é um fracasso, faz sobressair o insucesso, a ausência de resultado, nem sequer uma vitória da não-violência. Essa morte diz que o importante é o que não se vê: "O Bom Deus não precisa de mim, que sua vontade se faça!" é a mensagem de gratuidade que deixa ao mundo este homem de ação, nascido para a eficácia e para os resultados.

É o sentido de sua vida, numa humilde fidelidade aos deveres cotidianos, tanto os mais corriqueiros como os mais nobres. Podemos descobrir suas ocupações cotidianas, suas amizades e sua preocupação por aqueles que o rodeiam. Podemos criticar algumas de suas iniciativas. Podemos ler suas cartas, que revelam a variedade de suas relações, sua atenção a cada um e a delicadeza de seus sentimentos. Mas, de sua vida profunda, quem falará com realismo e verdade? Ele tentou formular o indizível no estilo da piedade de sua época. Multiplicou as fórmulas para convencer a si mesmo e para fazer bem aos outros. A abundância de seus escritos deixa-nos diante do mistério de sua relação com Deus. O silêncio de seus últimos momentos é tão eloqüente quanto os milhares de páginas escritas. Ele quis "gritar em silêncio,com toda a sua vida, uma Boa-Nova para o mundo". Sua morte está, realmente, na continuidade de sua vida.

Podemos admirar sua sábia atividade de lingüista, que soma ao trabalho! Essa obra lingüística, não assinada, permanece para nós como outro símbolo, o de uma vida toda entregue no esquecimento de si, uma obra notável que poderia até ter desaparecido no fogo e que, por milagre, foi salvaguardada. Ela é o testemunho de um homem que se queria morto para o mundo e que foi, na realidade, plenamente vivo neste mundo, apesar do anonimato que se impôs.

Ele pode, então, perder-se no amor que Deus lhe manifesta apesar de sua miséria e aparente fracasso de sua vida. Lembrar-se-á de sua primeira meditação sobre os salmos, como no dia de Pentecostes de 1897:

> Eu vejo minhas mãos vazias de bem: dignai-vos consolar-me; tu darás fruto em teu tempo, dizeis-me... Qual será esse tempo? O tempo de todos nós será na hora do julgamento. Vós me prometeis que darei frutos na última hora. E acrescentais: serás uma bela árvore de folhas eternamente verdejantes e todas as tuas obras terão um fim próspero, todas trarão seus frutos por toda a eternidade.

No momento de deixar Béni-Abbès para ir ao Hoggar, termina sua última meditação escrita com estas palavras:

> Obrigado por mostrar-me tão claramente que uma só coisa é necessária: amar-vos com todo o meu coração, pois o trabalho que podemos fazer por vós, embora seja nosso dever estrito fazê-lo com todas as nossas forças, e que este cuidado extremo por fazer e fazer o melhor possível tudo o que vós nos aconselhais, por pouco que seja, faça inseparavelmente parte do amor, permanece, no entanto, verdadeiro que deste trabalho vós não tendes necessidade e que nós somos servos inúteis.

Diante de Deus ele se apresenta de mãos vazias, mas na realidade elas estão cheias, pois ele carregou as angústias de uns e de outros. A inquietude por todos tornou-se oração de oferecimento e de intercessão. Aprendeu a sofrer e a amar. Pôde repetir essa oração de padre Huvelin no momento da morte: "Nunca amaremos bastante". Ele sabe que na fraqueza reside sua maior força. Pode, então, repetir essa oração que recopiou três vezes, mudando cada vez alguma frase:

> Meu Senhor Jesus, que dissestes: "Ninguém tem maior amor que aquele que dá sua vida por seus amigos", eu desejo de todo o meu coração dar minha vida por vós. Todavia peço-vos instantemente: não a minha vontade, mas a vossa. Eu vos ofereço minha vida: fazei de mim o que vos agradar mais. Fazei que eu morra glorificando-vos o mais possível... Meus Deus, perdoai os meus inimigos, dai-lhes a salvação! Amém.

No fim de sua última viagem, em 1913, no momento de deixar a França para retornar ao Saara, disse: "Como o grão de trigo do Evangelho, eu devo apodrecer na terra, no Saara, a fim de preparar as futuras colheitas. Essa é a minha vocação".

Podemos concluir citando padre Voillard: "Afinal, sua morte corresponde plenamente à sua vida e a encerra de maneira estranhamente verdadeira".

Ir. Carlos descobriu que a centralidade da vida de todo cristão é o *Absoluto de Deus*. Ao abraçar a aventura da fé, descobre que Deus está acima de tudo e deseja responder ao seu amor com a maior generosidade possível. No seguimento do caminho de Jesus, na leitura orante da Palavra de Deus, na oração contemplativa, na celebração e adoração eucarística, na entrega aos pobres e excluídos, ele descobre o Absoluto de Deus.

Todos os que salientam a novidade do testemunho de Ir. Carlos, desde René Bazin até Jacques Maritain, passando por Paul Claudel e muitos outros, insistem sobre o caráter radical de sua experiência de Deus. Também fazem o mesmo aqueles que assumem sua espiritualidade missionária: desde Madeleine Delbrel a Jacques Loew, e de um modo especial os Irmãozinhos e as Irmãzinhas de Jesus que vivem no coração das massas seguindo as orientações de Irmão René Voillaume e da Irmãzinha Madalena.

Todos os escritos de Ir. Carlos estão impregnados de um sentido quase imediato da grandeza e da Providência de Deus. A experiência do deserto aprofunda nele ainda mais essa abertura à presença de Deus. Sobre esse fundo de espiritualidade teocêntrica centrada no Absoluto de Deus é que se expande nele o amor apaixonado por Jesus, pelo mistério de sua encarnação, pela sua humanidade, pela sua vida oculta, pela sua cruz.

Assumindo a vida de Nazaré como sua vocação e espiritualidade, Ir. Carlos percorreu um caminho marcado por sucessivas e radicais conversões até chegar a ser pobre com e como os pobres, a ponto de deixar-se conduzir por eles na última etapa de sua vida. "Escolher o último lugar" não é, por acaso, a expressão mais radical e comprometedora da inculturação? Significa renunciar a toda e qualquer posição e atitude de poder, comando, autoridade a fim de permitir que os receptores da evangelização sejam os protagonistas do processo da inculturação do Evangelho. O protagonismo dos leigos, prioridade da Igreja hoje, só terá chance de concretizar-se quando os ministros ordenados despojarem-se do clericalismo, do autoritarismo e dos monopólios da pastoral.

Quem é Carlos de Foucauld? Um *monge*? Um monge que não se adaptou ao mosteiro, mas viveu como um contemplativo no meio do mundo e dos pobres, fiel à intuição beneditina do *ora et labora*.

Foi *eremita*? Viveu só, porém sempre desejou ter companheiros e a relação com as pessoas sempre foi intensa e contínua. Vivia só, porém sua casa estava sempre cheia. Ele mesmo conta que o dia mais feliz de sua vida foi quando os nômades chamaram seu eremitério de "fraternidade" e a ele de "irmão universal".

Foi *presbítero*? Ordenado na diocese de Viviers e *Fidei Donum* para viver entre os pobres do Saara. Foi conduzido pelo Espírito mais do que enviado pela diocese. Atuou onde não existia nenhuma presença organizada da Igreja institucional com a consciência de que preparava o caminho para os missionários que viriam depois.

Foi *missionário*? Sim, mas num estilo diferente, porque diretamente não converteu, não batizou ninguém, nem exerceu uma pastoral oficial. Foi presença fraterna, testemunho de amizade de solidariedade.

Meu apostolado deve ser o da bondade. Vendo-me, os outros poderão dizer: "Já que esse homem é tão bom, sua religião deve ser boa". Se me perguntarem porque sou manso e bom, devo dizer: "Porque sou servo de alguém muito melhor do que eu. Se soubessem o quanto é bom meu Senhor Jesus". Gostaria de ser bom para que me dissessem: "Se assim é o servo, como, então, será o Senhor?".

Em última análise, viveu um dos caminhos missionários mais intensos e autênticos da história da missão. Seguiu as intuições de Cirilo e Metódio, evangelizadores da Europa: chegam e começam a aprender a língua para entrar numa relação de proximidade e traduzir o Evangelho. Ir. Carlos gastou anos para escutar os sons e codificar a língua tuaregue. Escreveu o primeiro dicionário, uma coleção de poesias e provérbios da sabedoria oral, traduziu os evangelhos. Preparou terreno para os que viriam depois.

Foi um *assistente social*? Não tinha essa vocação, mas em face das urgentes necessidades sabia ser enfermeiro e providenciar medicamentos junto aos amigos franceses. Mandava vir agulhas e outros pequenos instrumentos para tornar mais fácil a tecelagem das mulheres. Enfrentou profeticamente a realidade da escravidão: "Não podemos ser cães mudos, sentinelas adormecidas". Deixou-se envolver pelo entusiasmo comprando um escravo para dar-lhe alforria.

Quem é, afinal, Carlos de Foucauld? É tudo isso e também nada disso. Poderíamos passar do Ir. Carlos para uma outra pergunta: quem é Jesus? Podemos classificá-lo em alguma categoria? Ele é o Messias, o Profeta, o Filho de Deus, o filho de Maria, o filho do carpinteiro, o operário de

Nazaré, o galileu atento às necessidades do povo, cuida da saúde, acolhe os leprosos, ensina a partilhar o pão. Jesus é tudo isso, mas nenhum título consegue definir a grandeza e a beleza de sua personalidade e de sua missão.

IRMÃO CARLOS SOB O SIGNO DA CONVERSÃO PERMANENTE

A vida de Ir. Carlos se constituiu de muitas conversões. Um dos traços marcantes do seu itinerário espiritual é a incansável capacidade de mudar. "É preciso mudar muito para permanecer o mesmo", ensina-nos dom Helder Câmara. A vida de Ir. Carlos foi um peregrinar constante. Viveu com radicalidade e inteireza as várias etapas de sua conversão. Cada ponto de chegada, assumido como se fosse definitivo, transformava-se em plataforma para uma busca de maior entrega ao Bem-Amado Irmão e Senhor Jesus e aos pobres: da França para a Síria, da Trapa para Nazaré, da Terra Santa para a África, de Béni-Abbès para Tamanrasset, dos privilégios de uma vida acomodada para a simplicidade de uma vida pobre e desinstalada, de uma concepção de evangelização doutrinária e impositiva para outra mais dialógica, de inserção e testemunho.

Quando começou a viver no Saara, Ir. Carlos tentou converter os muçulmanos. Até cogitou que, com a ajuda dos militares franceses, pudesse fazê-lo mais facilmente. Com o passar do tempo, deu-se conta de que seu método estava equivocado. Descobriu que a missão era muito mais exigente do que imaginava. Passou a ser mais paciente e gastou vários anos na convivência fraterna com os tuaregues.

Vamos deter-nos num momento privilegiado de sua vida na África. É uma das passagens mais difíceis, um momento doloroso e crucial muito próximo da morte, uma verdadeira Páscoa — passagem de Deus em sua vida e travessia que gera mudança, deixa marcas indeléveis, talvez a última etapa de sua conversão.

A doença

Segunda-feira, 20 de janeiro de 1908. Ir. Carlos está pregado em sua cama. Sua casa, de seis metros por dois, abriga a cama, a capela, a mesa de trabalho, a biblioteca, muitos papéis escritos. Não pode sequer levantar-se sem risco de desmaiar. Percebe que seu fim está próximo. Anota em seu caderno: "Sou obrigado a interromper meu trabalho. Jesus, Maria, José, dou-vos a minha alma, o meu espírito, a minha vida".

Está com 50 anos e na metade de sua caminhada no Saara (1901-1916). Restam-lhe ainda oito anos de vida. Desde o início do ano sente fadiga, dorme muito mal, não tem apetite. Não sabe se isso se deve ao frio, ao excesso de trabalho ou à falta de sono. Está com escorbuto, conseqüência da falta de alimentação, que se manifesta em forma de anemia. Ultimamente, tinha deixado de ingerir trigo e tâmaras, pois percebera que os pobres não tinham o que comer, e dividira com eles o que havia estocado, sem dar-se conta da reserva necessária para si mesmo.

> Já faz dois anos que não chove. É a fome total para um país que vive principalmente de leite, onde os pobres quase que exclusivamente se alimentam de leite. As cabras estão secas como a terra e as pessoas, como as cabras.

Segundo suas teorias ascéticas, quanto menos se come, mais se é perfeito. Agora, a situação fizera com que mudasse de idéia e, no início de janeiro, escrevera a Lapérinne solicitando víveres diversos, entre os quais leite em pó e vinho. Quinze dias depois a carta chega ao destinatário, que compreende a gravidade da situação e escreve a monsenhor Guérin: "Peço-lhe que me autorize para dizer-lhe que não se permite a penitência que pode levar ao suicídio progressivo".

Trata-se do excesso de trabalho, além da pouca alimentação. Trabalhava num texto em prosa, a que se obrigara após a morte do lingüista Motylinski. Onze horas de concentração por dia. Ba-Hamou, um "tuaregue inteligente e muito falador" que o ajudava, também se esgotou e foi-se embora. Ficará inacabado esse enorme trabalho e irão perder-se as milhares de folhas ordenadas sobre a mesa?

A solidão

A doença tem também causas psicológicas. Ficou seis meses sem ver passar ninguém mais além de dois europeus. O correio partia em ocasiões pouco seguras e chegava raramente. No dia 7 de janeiro, recebera a última carta da prima, que antes lhe escrevia a cada quinze dias. Faz dezoito anos que não se vêem. Sente-se privado do apoio eficaz dessa afeição vital. A ferida permanece aberta como no dia da despedida. O que o mantém na esperança e em paz é o pensamento de que, tendo entregado a Deus tudo quanto possuía de mais querido, jamais buscara amenizar o sacrifício de sua entrega. Porém nunca sentira tão forte o isolamento e a ausência de seus entes queridos. A correspondência era o único meio que tinha para comunicar-se, expressar-se. Nada sabe de padre Huvelin. Só lhe resta Jesus no sacrário, com quem fala noite e dia. Mas nesta hora sente a necessidade de alguém com quem dialogar. Desejava escutar uma voz fraterna e amiga...

Nenhum vizinho o visita há meses. Os sedentários da vila, umas quarenta pessoas, ao perceberem que as esmolas haviam acabado, não encontravam mais motivo para visitá-lo. Os nômades, dispersados pela seca, também não manifestavam nenhum interesse em ir vê-lo. Ele imaginava que fosse por causa do frio.

Sua decepção é grande. Veio para estas montanhas em busca de um povo, ao qual sentiu-se enviado. Ao longo das viagens que empreendera nos anos precedentes, encontrou numerosos homens e mulheres e agora amarga a impressão de que seus esforços para tornar-se próximo tinham sido em vão. O que o machuca ainda mais é perceber que sua presença provoca reação de isolamento. Musa ag Amastan, chefe do Hoggar, desde 1905 se instalara perto de Tamanrasset com a intenção de transformá-la numa cidade muçulmana. Trouxe mestres para ensinar o árabe e o Corão. Eles divulgam entre o povo a aversão contra tudo o que é francês e cristão.

Angústia pela salvação dos seres humanos

Nesse estado de esgotamento físico e moral, a preocupação pela salvação das pessoas converte-se em verdadeira angústia.

Existem regiões onde as almas desprovidas dos meios de salvação, escravas do erro e do vício, caem todas no inferno. Cristo morreu por elas. Que é que não devemos fazer por elas, cujo preço é o sangue de Cristo? Rezo para que o Senhor mande operários para a sua messe.

Ir. Carlos teve, então, uma idéia: dirigir-se aos leigos, suscitando um movimento a fim de que os cristãos tomassem consciência do seu dever diante dos povos colonizados. Sacerdotes e religiosos(as) não haviam respondido ao seu convite. Restavam os leigos. Pensa criar uma associação de leigos e sacerdotes que se ajudarão mutuamente nessa missão. Será que vai morrer antes de escrever tal projeto?

Uma vida inútil

Reduzido a tal impotência, julga que é o fim de sua obra, e até de sua vida, visto que ainda, realmente, não se converteu. Não teria sido melhor escolher um tipo de vida mais útil, num lugar melhor? Que veio fazer aqui? Depois de vinte anos de reencontro com a fé, que fez de concreto? Colocou-se longe de todos, num deserto. Para salvar sua vida, tinha buscado a proteção de uma "clausura". Ainda mais: uma vida de eremita na solidão, longe do mundo, longe dos seres humanos. Será que o fato de pretender sentir-se responsável por uma missão especial de buscar os que estavam longe, mais afastados, onde ninguém desejava ir, não seria um pretexto para julgar-se melhor que os outros? Sentir-se capaz de fazer o que os outros não podiam?

Sem eucaristia

Havia partido, depois de sua ordenação, para levar o banquete da eucaristia aos mais afastados. Quem se interessa pelo dom que deseja partilhar? Por que veio a este lugar, onde sequer pode celebrar a eucaristia? Depois de seis meses em Tamanrasset, celebrou apenas cinco vezes, aproveitando a passagem dos cristãos que desejavam "assistir" a sua missa. Não teria sido melhor permanecer em Béni-Abbès, onde podia ao menos celebrá-la diariamente? Não seria isso o mais útil que poderia fazer para a salvação das pessoas? Até mesmo no Natal esteve só e sem eucaristia, pela primeira vez, depois de sua conversão. Apesar de tudo, escolhera regressar e permanecer ao lado destas pessoas indiferentes.

Antes de cair imobilizado em sua cama, não deveria ter tirado o Santíssimo do Altar? Que aconteceria se viesse a falecer? A eucaristia é a única razão de sua vida. Será que deverá privar-se até dela, dessa presença de Jesus?

Ele ainda acredita firmemente que a presença sacramental ilumina o mundo. O sacrário está ali, a dois metros de sua cama, e esta presença o enche de alegria. Espera obter, um dia, a permissão para celebrar sozinho. Jesus é o Mestre do impossível. Mal sabe ele que esta autorização é muito difícil de ser conseguida. Tal privação é de tal modo contrária às suas convicções que nem se atreve a tocar no assunto nas cartas aos seus familiares e amigos. Ele nem imagina que, algumas semanas mais tarde, lhe será comunicado que não mais poderá guardar o pão consagrado no sacrário enquanto estiver só... Nada mais lhe resta senão revisar suas convicções e opiniões.

Meu Pai, a vós me abandono!

Ir. Carlos provavelmente não rezava a "Oração do Abandono", que seus discípulos descobrirão entre seus escritos. Além de outras formas, é a única nesta hora crucial:

Tomai minha vida, Senhor. É tudo o que posso vos oferecer. Não sou melhor que os outros. Aqui estou, de mãos vazias. Aqui estou, ao entardecer desta vida tão miserável, tendo produzido tão poucos frutos. Se o grão de trigo caído na terra não morrer, ficará só.

Desejou tanto este momento que lhe permitiria, afinal, encontrar-se com o seu Bem-Amado Irmão e Senhor. É nesta certeza que se agarra desesperadamente, no pouco tempo de vida que lhe resta. No entanto, jamais tivera tantas razões para continuar vivendo. Não é possível morrer assim, sem nada, por mínimo que seja! Ainda há tanto a fazer por aqueles homens e mulheres... "O Bom Deus, porém, ama a todos mais que eu. Não sou necessário. Que se faça a sua vontade. O que de mim fizerdes, eu vos agradeço. Estou pronto para tudo, contanto que a vossa vontade se faça em mim e em todas as vossas criaturas."

Mas Deus não estava ausente. Presenciava tudo em silêncio, mas agia por meio das pessoas. Assim, Ba-Hamou alertou a todos sobre o que se passava com Ir. Carlos. Musa ag Amastan, consciente de sua responsabilidade com seu amigo, apressou-se em fazer o que podia para salvá-lo. O que ocorreu naqueles dias é difícil de avaliar, tanto para a vida daquele povo como para Ir. Carlos. "Mandaram buscar todas as cabras que tivessem um pouco de leite, nesta terrível seca, num raio de quatro quilômetros. As pessoas foram muito boas para mim." Ir. Carlos ficou sensibilizado pela surpreendente bondade, não percebendo, porém, a radical mudança que estava ocorrendo nas suas relações pessoais e a profunda conversão que estava acontecendo com ele mesmo.

No entanto tão rico

Ir. Carlos quer ser pobre para imitar Jesus, que, sendo rico, se fez pobre. Era sua única referência. E de fato, viveu mais pobremente que alguns de seus vizinhos, porém eles jamais viram nele um pobre. Se não se alimentava bem e vestia-se da maneira mais despojada, nada tinha a ver com a pobreza. Sua casa estava sempre cheia de coisas para dar aos outros. Era visto como um benfeitor. Dá aos pobres tudo o que tem, o que solicita aos familiares e amigos da França. Era a sua característica de marabuto cristão que o diferenciava dos marabutos locais, que recebiam ajuda do povo em troca de suas bênçãos e ensinamentos.

Em 1904, em seus escritos sobre a maneira de viajar pelo Saara, conclui: "Não aceitar nada, a não ser que seja imprescindível, e assim mesmo coisa de pouco valor". Receia envolver-se ou deixar-se comprar. Como, porém, realmente compartilhar sem estar disposto a receber alguma coisa? Pretendia ser pequeno e acessível a todos, no entanto constata a distância que o separa daqueles aos quais desejava ser próximo.

Apesar das esmolas que distribui, apesar do hábito religioso, apesar de permanecer só e sem armas, é visto como representante da dominação estrangeira, da qual a população desconfia e tem medo. Aos olhos do povo, representa o poder dominador. Chegara lá junto com os militares e se perguntava se eles saberiam, um dia, fazer a distinção entre os sacerdotes e os militares.

Ir. Carlos deveria, primeiro, descobrir pessoas de uma civilização diferente, vivendo outra fé e outra cultura, antes de programar qualquer atividade que visasse à instrução e ao desenvolvimento da população. Foi visto como conquistador. Veio para "domesticar", como diziam os militares. Como poderia esperar que os outros o escutassem se, primeiro, não estivesse disposto a ouvi-los?

Mudança e conversão

Naquele dia nada tinha, nada podia fazer. Justamente naquele momento em que estava reduzido a uma total impotência, inteiramente dependente dos vizinhos, foi quando eles se sentiram responsáveis por ele e puderam, finalmente, entrar em sua vida. Puderam oferecer-lhe alguma coisa, repartir com ele, abordá-lo em relações de igualdade. Partilham o que têm de melhor: um pouco de leite para salvá-lo da morte. Fazem o que podem segundo seus conhecimentos e o que é melhor para o seu bem.

O mês de janeiro termina como uma ressurreição. O doente recobra alguma força. No dia 31 recebe mensagem de Lapérinne, comunicando-lhe a autorização para celebrar a eucaristia sozinho. "Nascimento, nascimento! *Deo gratias*", anota em seu caderno. No dia 1º de fevereiro começa a celebrar sozinho. Aos poucos, vai retomando suas atividades, mas renunciando a várias coisas. Em março chegam dois camelos com as provisões, quatro vezes mais do que havia solicitado. As visitas tornam-se cada vez mais freqüentes. No fim de junho, Lapérinne escreve a monsenhor Guérin: "Comporta-se bastante bem e resplandece de saúde e de alegria".

A debilidade e a enfermidade possibilitaram-lhe viver uma nova relação com os tuaregues, uma verdadeira conversão, um passo à frente na partilha, na reciprocidade da amizade. Antes, decidira deixar tudo. Agora, aceita receber o cêntuplo também neste mundo. Deixa de ser voluntarista na busca da perfeição religiosa e dos projetos excessivamente calculados. Aprende a aceitar-se, sem pretender ser um super-homem. Torna-se mais humano, dormindo o necessário, alimentando-se corretamente. Começa a aceitar os outros como são. Aprende a compartilhar com todos não apenas o pão e o leite, mas também as boas e as más notícias, os projetos, os desejos, as reivindicações, e se faz porta-voz de uns e de outros. Não se contenta em mandar conselhos a Musa, mas também anota os conselhos que recebe de Uksen e, ainda, as informações de Ba-Hamou. Expressa esse novo estado de espírito no que disse ao doutor Dhauteville, protestante:

Não estou aqui para converter os tuaregues, mas para compreendê-los e melhorá-los. Sobretudo, desejo que os tuaregues consigam um lugar no paraíso. Estou certo de que Deus acolherá no céu os que forem bons e honestos, sem que seja preciso serem católicos romanos. Você é protestante, Teissère é incrédulo, os tuaregues são muçulmanos, mas estou persuadido de que Deus nos receberá a todos se o merecermos.

Ir. Carlos deixou-se acolher, criar laços. É ele quem se deixa conduzir.

Uma parábola do Reino

Ir. Carlos, certamente, não percebeu o alcance desses acontecimentos nem o seu significado. Vamos tentar fazê-lo em seu lugar e descobrir nele uma parábola do Reino e uma luz que ilumina a sua e a nossa vida. Naquela época não se falava em interpretar os sinais dos tempos nem em discernir os sinais do Reino para reconhecer o Espírito que age no coração de cada pessoa. No entanto, parece que Ir. Carlos se destacou nessa interpretação e nesse reconhecimento, expressando-os em sua linguagem diferente da nossa. Monsenhor Guérin reconhecia que Ir. Carlos, "como todos os que se deixam conduzir pelo Espírito de Deus, sabia apreciar maravilhosamente as circunstâncias".

Se não verbalizou a importância do que estava vivendo naquele momento é também porque tais realidades do Reino não se deixam captar facilmente. Estão escondidas como o trigo na terra e o fermento na massa. A pequenez desses sinais, sua insignificância é muito característica: um pouco de leite, um pedaço de pão... Pensemos na viúva de Sarepta, que colocou diante de Elias tudo o que tinha. Era tão pouco. Pensemos naquele menino que entregou alguns pães para alimentar uma multidão faminta. Gestos insignificantes que fazem milagres. São imperceptíveis, visto que demasiado comuns: uma visita, uma palavra, um gesto, um sorriso, lágrimas... Recorda o que lhe havia dito padre Huvelin: "O importante não é aquilo que se diz nem aquilo que se faz, mas aquilo que a gente é". Convertido verdadeiramente num pobre doente, permitirá aos que o vieram salvar escutar um dia: "Vinde, benditos do meu Pai, recebei em herança o Reino que meu Pai vos preparou desde a criação do mundo! Pois eu estava com fome e me destes de comer... Estava doente e cuidastes de mim" (Mt 25,34). Já não é apenas uma parábola, mas a realidade do Reino.

Necessitamos em nossas vidas de certas mudanças, as quais nos obriguem a dar um passo à frente, como se fosse uma morte. Quando se estreita o espaço para existir, quando não se pode fazer nada, quando a situação parece desesperada, quando nossa competência e nosso zelo se convertem em obstáculos, é bom recordar um antigo ensinamento que Ir. Carlos atualizou e se torna fonte de esperança. Os profetas nos ensinam que, quando não se pode mais nada, aí é que Deus intervém. São Paulo se vangloria em sua fraqueza. "Quando estou fraco, então é que sou forte, porque tudo posso naquele que me dá força." Nesta mesma perspectiva Ir. Carlos também nos diz: "A debilidade dos meios humanos é a causa da força. Nosso despojamento é o meio mais poderoso que temos para unirmo-nos a Jesus e fazer bem às pessoas. É o que são João da Cruz repete constantemente: quando se pode sofrer e amar, pode-se muito" (carta a Maria de Bondy em 1º de dezembro de 1916, dia de sua morte).

Em outro momento difícil de sua vida, quando se submeteu totalmente à obediência, um mês antes de deixar a Trapa, em 1886, escreveu:

Quando Jacó está a caminho, pobre, sozinho; quando se joga ao chão desnudo do deserto para repousar, depois de um longo caminho a pé; no momento em que se encontra nessa dolorosa situação de viajante solitário, num país estrangeiro e selvagem, sem hospedagem; no momento em que se encontra nessa desoladora situação, Deus o cumula de graças incomparáveis (Gn 28).

VIDA CENTRADA NA EUCARISTIA E SOB O SIGNO DESTE MISTÉRIO

A Palavra de Deus e a eucaristia são as duas fontes inesgotáveis de nossa espiritualidade e Ir. Carlos soube integrá-las de forma perfeita em sua vida. Numa época em que pouco se recomendava a leitura da Bíblia, foi neste caminho que padre Huvelin o introduziu desde o início. É preciso retornar sempre ao Evangelho... Se não vivemos o Evangelho, Jesus não vive em nós." Aconselha o amigo Louis Massignon a ler o Evangelho de cada dia:

> É necessário impregnar-nos sempre do espírito de Jesus, lendo e relendo, meditando e tornando a meditar, continuamente, suas palavras e seus exemplos: que sua ação em nossas almas seja como a gota d'água que cai e recai sobre uma pedra, sempre no mesmo lugar.

O "grito" evangélico converte-se em eco e reflexo da vida interior transformada pelo Espírito de Jesus:

> Toda a nossa vida, por mais silenciosa que seja, tanto a vida de Nazaré, a vida do deserto, como a vida pública, deve ser uma pregação do Evangelho pelo testemunho. Toda a nossa existência, todo o nosso ser devem gritar o Evangelho de cima dos telhados. Toda a nossa pessoa deve respirar Jesus, todos os nossos atos, toda a nossa vida devem gritar que somos de Jesus, devem apresentar uma imagem da vida evangélica. Todo o nosso ser deve ser uma pregação

viva, um reflexo de Jesus, um perfume de Jesus, algo que proclame Jesus, que faça ver Jesus, que brilhe como um ícone dele.

Se o Evangelho é o meio de acesso a Jesus e, ao mesmo tempo, seu modo de pregação, é na eucaristia que Ir. Carlos encontra "fisicamente" o seu Bem-Amado Irmão e Senhor Jesus e onde pode permanecer na amizade de sua companhia. A presença de Jesus na eucaristia é a culminância da presença de sua encarnação entre nós. O mesmo Jesus que viveu na Judéia e na Galiléia vive, agora, na eucaristia. A amizade que brota da relação recíproca entre *adorado* e adorador está sempre a serviço da imitação-seguimento que nos assemelha a Jesus e ao seu Evangelho. Essa semelhança conduz à evangelização e estabelece uma espécie de circulação entre presença-amizade-amor-eucaristia-imitação-evangelização.

Como não perceber na espiritualidade foucauldiana aquela verdade do Concílio Vaticano II sobre o idêntico valor da mesa da Palavra e da mesa do pão?

A Igreja sempre venerou as divinas Escrituras, da mesma forma como o próprio corpo do Senhor, já que, principalmente na sagrada liturgia, sem cessar se alimenta da mesa tanto da Palavra de Deus quanto do corpo de Cristo, o pão da Vida, e o distribui aos fiéis (*Dei Verbum*, n. 21).

"Como sacerdote, colocou a eucaristia e o Evangelho no centro de sua existência, as duas mesas da Palavra e do pão, fonte da vida cristã e da missão" (Bento XVI, no final da celebração da beatificação de Ir. Carlos). Na Palavra, servida também como alimento na missa, dá-se o encontro com Deus e com o projeto do Reino. A Palavra, unida ao sacramento do pão eucarístico, questiona e ilumina a vida que cada um traz consigo para celebrar.

Desde o dia de sua conversão, foi na eucaristia que Ir. Carlos concretizou seu encontro pessoal e amoroso com Jesus. Nela encontrou *aquele* que seu coração há tanto tempo procurava: o Bem-Amado Irmão e Senhor Jesus, *aquele* que entregou seu corpo e derramou seu sangue por ele. Toda fidelidade do amor a Jesus se expressa nas longas horas que passou aos seus pés, de dia e, sobretudo, de noite, às custas de numerosas vigílias. "Quando se ama, não se está o mais possível na presença do Bem-Amado?", pergunta a si mesmo e a nós. "A menos que outra coisa lhe agrade mais, pois é seu consolo, seu bem, sua vontade que devemos buscar, antes dos nossos." E continua:

> Na sagrada eucaristia estais todo inteiro, todo vivo, meu Bem-Amado Jesus, tão plenamente como estáveis na casa da Sagrada Família de Nazaré, na casa de Madalena, em Betânia, como estáveis no meio dos apóstolos... Do mesmo modo estais aqui, meu Bem-Amado e meu tudo. Oh! jamais fiquemos longe da presença da sagrada eucaristia, nem um só instante do que Jesus nos permita estar perto dela! Amém.

Para Ir. Carlos, a eucaristia é o oceano de amor no qual ele se perde. Ele mesmo revelou a um amigo aquilo que chamava de "segredo da minha vida":

> A imitação é inseparável do amor... Pedi meu coração por aquele Jesus de Nazaré crucificado há mil e novecentos anos e passo a minha vida procurando imitá-lo, na medida em que minha debilidade o permite (carta a Gabriel Tourdes).

A celebração e a adoração da eucaristia, que nunca estão em conflito com a disponibilidade, mas simplesmente com a nossa generosidade, constituem a essência da herança foucauldiana e nos ajudam a verificar a verdade do nosso amor. É imprescindível, portanto, que nós, os seguidores do seu carisma, enraizemos a vida inteira nesse amor. Não é possível perseverar no caminho de Nazaré sem a fidelidade à eucaristia, que deve tornar-se para nós tão vital como a comida de cada dia e o ar que se respira a cada instante.

Adoração e celebração eucarística estão estreitamente interligadas, como nos diz João Paulo II na encíclica *Ecclesia de eucharistia* (n. 25):

> O culto prestado à eucaristia fora da missa é de um valor inestimável na vida da Igreja, e está ligado intimamente com a celebração eucarística. A presença de Cristo no pão consagrado que se conserva após a missa resulta da celebração da eucaristia e destina-se à comunhão sacramental e espiritual. Compete aos pastores, até pelo testemunho pessoal, estimular o culto eucarístico, de modo particular as exposições do Santíssimo Sacramento e também as visitas de adoração. É bom demorar-se com ele e, inclinado sobre o seu peito como o discípulo amado (cf. Jo 13,25), deixar-se tocar pelo amor infinito do seu coração. Se, atualmente, o cristianismo deve-se caracterizar sobretudo pela "arte da oração" (cf. *Novo millennio ineunte*, 32), como não sentir de novo a necessidade de permanecer longamente, em diálogo espiritual, adoração silenciosa, atitude de amor, diante de Cristo, presente no Santíssimo Sacramento? Quantas vezes, meus queridos irmãos e irmãs, fiz esta experiência, recebendo dela força, consolação, apoio! [...] A eucaristia é um tesouro inestimável: não só a sua celebração, mas também o permanecer diante dela fora da missa permite-nos beber na própria fonte da graça. Uma comunidade

cristã que queira contemplar melhor o rosto de Cristo não pode deixar de desenvolver também este aspecto do culto eucarístico, no qual perduram e se multiplicam os frutos da comunhão do corpo e sangue do Senhor.

João Paulo II recorda com emoção e profunda gratidão a Deus as celebrações eucarísticas que presidiu no início como pároco e, depois, como bispo e papa. Aliás, está aí, neste trecho da introdução, um convite a olhar para a eucaristia em toda a sua riqueza, uma das mais belas afirmações da carta (n. 8):

Este cenário tão variado das minhas celebrações eucarísticas faz-me experimentar intensamente o seu caráter universal e, por assim dizer, cósmico. Sim, cósmico! Porque, mesmo quando tem lugar no pequeno altar duma igreja da aldeia, a eucaristia é sempre celebrada, de certo modo, sobre o altar do mundo. Une o céu e a terra. Abraça e impregna toda a criação. O Filho de Deus fez-se homem para, num supremo ato de louvor, devolver toda a criação àquele que a fez surgir do nada.

Para Ir. Carlos, a eucaristia é, essencialmente, Jesus que entrega a vida por nós. É um apelo a entrar no seu sacrifício e na sua doação. Ele passa, então, facilmente, do "sacramento do altar" para o "sacramento do irmão", para o "sacramento do pobre". Quando se transferiu para Tamanrasset, passou meses sem poder celebrar a eucaristia porque não havia nenhum católico que o acompanhasse. Passou tempo maior ainda sem poder conservar o Santíssimo. Compreendeu que a eucaristia se irradiava pela mediação do sacramento dos gestos humanos e cristãos, através da acolhida, da bondade, da amizade.

Ir. Carlos encontra *aquele* que seu coração ama tanto sob o sinal do pobre como sob o sinal do pão. É importante entender bem isso para que no caminho de Nazaré o nosso olhar seja realmente contemplativo. Quando deixamos a capela para pôr-nos à disposição de quem chega, não deixamos Jesus. Ele vem a nós sob uma outra presença e

devemos oferecer hospitalidade a quem chegar, bom ou mau, amigo ou inimigo, muçulmano ou cristão. É a evangelização, não pela palavra, mas pela presença do Santíssimo Sacramento, pela oferenda do divino sacrifício, pela adoração silenciosa, pela prática da caridade fraterna e universal, repartindo até o último pedaço de pão, com qualquer pobre, com qualquer hóspede, com qualquer desconhecido que se apresente, recebendo qualquer ser humano como um irmão bem-amado.

Urge, também, sublinhar e insistir sobre o laço indissociável que existe entre a eucaristia e os pobres, entre a eucaristia e o compromisso na luta pela justiça: Muitos são os problemas que obscurecem o horizonte de nosso tempo. Basta pensar quanto seja urgente trabalhar pela paz, colocar sólidas premissas de justiça e solidariedade nas relações entre os povos, defender a vida humana desde a concepção até o seu termo natural. Também: que dizer das mil contradições de um mundo globalizado, onde os mais pequenos e mais pobres pouco podem esperar? É neste mundo que deve brilhar a esperança cristã! Foi também para isto que o Senhor quis ficar conosco na eucaristia, inserindo nesta sua presença sacrificial e comensal a promessa de uma humanidade renovada pelo seu amor. É significativo que, no lugar onde os sinóticos narram a instituição da eucaristia, o evangelho de João proponha, ilustrando assim o seu profundo significado, a narração do "lava-pés", gesto que faz de Jesus mestre de comunhão e de serviço (cf. Jo 13,1-2). O apóstolo Paulo, por sua vez, qualifica como "indigna" de uma comunidade cristã a participação na ceia do Senhor que se verifique num contexto de discórdia e indiferença pelos pobres (cf. 1Cor 11,17-34).

O papa completa citando são João Crisóstomo:

> Queres honrar o corpo de Cristo? Não permitas que seja desprezado nos seus membros, isto é, nos pobres que não têm o que vestir, nem o honres aqui no templo com vestes de seda, enquanto lá fora o abandonas ao frio e à nudez. Aquele que disse: "Isto é meu corpo" também afirmou: "Tu me vistes com fome e não me destes de comer", e ainda: "Todas as vezes que não fizestes isso a um desses mais pequeninos, foi a mim que o deixastes de fazer". De que serviria, afinal, adornar a mesa de Cristo com vasos de ouro, se ele morre de fome na pessoa dos pobres? Primeiro dá de comer a quem tem fome e depois ornamenta a tua mesa com o que sobra.

No fim da vida, alguns meses antes de morrer, escreveu como que uma espécie de testamento:

> A frase do Evangelho que mais transformou minha vida foi: "Aquilo que fizestes ao menor dos meus irmãos, foi a mim que o fizestes". E quando se pensa que foram os mesmos lábios que disseram: "Isto é meu corpo, isto é meu sangue", somos levados a procurar e a amar Jesus nesses pequeninos.

Ir. Carlos resistiu muito tempo à idéia de tornar-se padre porque, na sua época, o sacerdócio ordenado conferia *status* social e certas honrarias e para ele havia uma incompatibilidade do sacerdócio com o último lugar: "Comunico-lhe como me sinto após alguns meses de estudo: estou muito satisfeito em estudar teologia, mas mantenho a convicção, mais firme do que nunca, de jamais ser sacerdote... o último lugar é algo de que não desisto... Nosso Senhor o apreciou demais", escreve à prima Maria de Bondy. Quando aceitou ser ordenado presbítero, foi para levar o *banquete* aos pobres:

> Compreendi que essa vida, que por vocação tinha levado em Nazaré, eu devia continuá-la longe da Terra Santa, no meio das almas mais enfermas, das ovelhas mais desamparadas do rebanho. O banquete divino, do qual eu era ministro, devia levá-lo não aos parentes e vizinhos ricos, mas aos aleijados, aos cegos, aos abandonados.

Pensava numa presença de Jesus que se irradiaria através daqueles que o contemplassem, na medida em que se fizessem "abordáveis e pequeninos", na medida em que aceitassem deixar-se "devorar". Padre Voillaume escreveu:

> Viver a eucaristia significa entregar-se pelos irmãos e tornar-se para eles, no amor e na contemplação eucarística, um alimento digno, algo utilmente devorável. Para sermos "utilmente devoráveis", é preciso que nossa oração permaneça viva, é preciso a fidelidade por amor às horas de intimidade com Jesus. O tempo dedicado à adoração integra o nosso dia de trabalho. A ela não destinamos o tempo que sobrar, se sobrar. Uma hora diante do Santíssimo, cada dia, faz parte do programa diário dos membros da fraternidade. Deixemos que Jesus viva em nós, que prossiga em nós sua vida de Nazaré. Deixemos que ele continue em nós seu

amor. Que possamos dizer a cada instante de nossa vida: "Eu vivo, mas já não sou mais eu que vivo, é Jesus quem vive em mim".

A perseguição aos armênios, quando estava na Trapa da Síria, despertou nele o desejo do martírio, e pensou também no sacerdócio. Essa experiência foi marcante e volta a mencioná-la quando se encontra no eremitério de Nazaré, sonhando com a possibilidade de ir ao Marrocos. Escreveu a padre Jerônimo, trapista:

> Não há no mundo vocação tão grande quanto a de sacerdote... É algo transcendente que supera tudo. Ele tem nas mãos o corpo do divino Jesus. Com sua voz, faz com que ele esteja sobre o altar, faz nascerem as almas pelo batismo, purifica-as pelo sacramento da penitência, distribui com eles o corpo de Jesus, como ele o fez na ceia, e as ajuda no último momento a comparecer ante o Bem-Amado, dando-lhes a última veste, o último perfume, o último perdão e a força suprema. O sacerdote faz o mesmo que Jesus fez durante os três anos do seu ministério. Ensina os seres humanos a conhecer, amar e servir ao seu Bom Mestre. Ajuda o divino Pastor a cuidar das ovelhas, leva com ele em seus ombros as ovelhas doentes, procura com ele as perdidas, guarda os filhos do pai de família e os defende dos malfeitores... Ensinar o Evangelho, ajudar a salvar os pequeninos de Jesus, distribuir-lhes com as mãos o corpo de Cristo! Que vocação, meu querido irmão, como bendigo a Deus por tê-la concedido a ti! Uma vez lamentei não a ter recebido, senti não ter sido revestido do santo caráter. No momento mais agudo da perseguição contra os armênios, eu desejei ser padre, saber a língua dos pobres cristãos perseguidos, poder ir de povoado em povoado para encorajá-los a morrer por seu Deus. Não fui digno disso... Se algum dia a obediência o

levar a lugares distantes, onde tantas almas se perdem por falta de sacerdotes, onde a messe é grande e perece por falta de operários, bendiga a Deus sem medida. Onde se puder fazer o maior bem aos outros, aí é que devemos estar. O completo esquecimento de si mesmo, a entrega total aos filhos do nosso Pai Celestial é a vida de Nosso Senhor, é a vida de todo cristão, é, sobretudo, a vida do sacerdote.

Esta longa citação, além de expressar a importância da experiência da perseguição dos cristãos armênios, traça um perfil sacerdotal bastante complexo e completo. Evidentemente, formulado na linguagem do seu tempo e com a paixão que o caracteriza. Por acaso não contém as dimensões profética, sacerdotal e pastoral com que o Concílio Vaticano II caracteriza o ministério presbiteral? Não transparece, como pano de fundo, a caridade pastoral que a *Presbyterorum ordinis* apresenta como eixo integrador da vida e do ministério do presbítero?

Na *Carta aos presbíteros* [São Paulo, Paulinas, 2004. Col. Documentos da CNBB, n. 75, nn. 14-15], numa bela síntese do Concílio Vaticano II, os bispos nos dizem:

> Ao relacionarmos sua vida e ministério com a Palavra, sentimo-nos tocando fundo o mistério dessa relação, constitutiva e fundante do seu ministério. Vocês são, sem dúvida, homens da Palavra, não de qualquer palavra, mas daquela a vocês confiada pelo Cristo, que, ao encarnar-se, também se fez Palavra humana, Verbo Eterno de Deus presente na nossa história. Essa Palavra dada acompanha diariamente a vida e o ministério de vocês, pois, como embaixadores de Cristo, não somos donos da Palavra, mas servos. Dele a recebemos como discípulos e a ele devemos ser fiéis. Sua conformação com essa Palavra é o que autoriza a introduzir a pessoa humana na grande família de Deus: "Eu te batizo", e ser sinal

a proferir a palavra de misericórdia e reconciliação: "Eu te absolvo". É, mais ainda, pela sua total identificação com essa Palavra que podemos ouvir o próprio Cristo repetindo cotidianamente em nossos altares: "Isto é o meu corpo, este o cálice do meu sangue". Corpo e sangue de Cristo, mas seus também, queridos irmãos presbíteros, pois somente podemos dizer isso pela graça sacramental que nos incorpora ao Cristo Pastor e Redentor da Humanidade.

Na intimidade com Jesus na eucaristia, Ir. Carlos sentia também a companhia da Família de Nazaré, dos amigos de Betânia, de Maria Madalena, dos apóstolos... "Estou na casa de Nazaré, entre Maria e José, aconchegado, como um irmão mais novo, a Jesus, meu irmão mais velho, noite e dia presente na santa hóstia." João Paulo II descreve-nos Maria de uma forma muito original, como "mulher eucarística" na totalidade da sua vida.

A Igreja, vendo em Maria o seu modelo, é chamada a imitá-la também na sua relação com este mistério santíssimo... Todas as vezes que repetimos o gesto de Cristo na última ceia dando cumprimento ao seu mandato: "Fazei isto em memória de mim", ao mesmo tempo acolhemos o convite que Maria nos faz para obedecermos a seu Filho sem hesitação: "Fazei o que ele vos disser" (*EE*, n. 54).

Maria tem uma atitude eucarística, antes de tudo, acolhendo com fé o dom de Deus, a encarnação do Filho. E o papa, lembrando a analogia entre a presença de Cristo no corpo de Maria (o "primeiro sacrário da história") e a presença do corpo de Cristo na eucaristia, também vê uma semelhança entre Maria e o cristão de hoje e de sempre:

Existe uma profunda analogia entre o *fiat* pronunciado por Maria, em resposta às palavras do Anjo, e o amém que cada fiel pronuncia quando recebe o corpo do Senhor. A Maria foi-lhe pedido para acreditar que aquele que ela concebia "por obra do Espírito Santo" era o "Filho de Deus" (cf. Lc 1,30-35). Dando continuidade à fé da Virgem Santa, no mistério eucarístico é-nos pedido para crer que aquele mesmo Jesus, Filho de Deus e Filho de Maria, se torna presente nos sinais do pão e do vinho com todo o seu ser humano-divino (n. 55).

O papa procura reconstruir, de algum modo, os sentimentos de Maria e fala do "olhar extasiado de Maria quando contemplava o rosto de Cristo recém-nascido":

> Receber a eucaristia devia significar para Maria quase acolher de novo no seu ventre aquele coração que batera em uníssono com o dela e reviver o que tinha pessoalmente experimentado junto da cruz... Na visitação, quando leva no seu ventre o Verbo encarnado, de certo modo ela serve de sacrário — o primeiro sacrário da história — para o Filho de Deus, que, ainda invisível aos olhos dos seres humanos, se presta à adoração de Isabel, como que irradiando a sua luz através dos olhos e da voz de Maria. E o olhar extasiado de Maria, quando contemplava o rosto de Cristo recém-nascido e o estreitava nos seus braços, não é porventura o modelo inatingível de amor a que se devem inspirar todas as nossas comunhões eucarísticas? (n. 55).

À semelhança de Maria, podemos dizer que também Ir. Carlos foi um homem eucarístico. Em Béni-Abbès, em Tamanrasset, viveu entregue a todos, nunca fazendo esperar aquele que batesse à sua porta. E sua morte, na tarde do dia 1º de dezembro de 1916, teve uma surpreendente conotação eucarística: sangue derramado em união com o sacrifício de Jesus. Algo inexplicável aconteceu também em seu martírio. O pequeno ostensório com a eucaristia, que estava na capela, veio parar junto ao corpo de Ir. Carlos ferido de morte. O Bem-Amado Irmão e Senhor Jesus que ele procurou, amou e seguiu a vida inteira colocou-se ao lado do corpo de seu discípulo amado, que morreu como "o grão de trigo jogado na terra".

DESERTO: LUGAR DO ENCONTRO COM DEUS

O primeiro impacto de Deus como Absoluto Ir. Carlos vivenciou em sua viagem de reconhecimento ao Marrocos: na descoberta da "grandeza austera do deserto" e na simplicidade religiosa dos muçulmanos. Escreveu a Maria de Bondy:

> O que há de maravilhoso por aqui é o pôr-do-sol, o entardecer e a noite. Vendo esses belos crepúsculos, relembro o quanto eles lhe agradam, pois evocam a bonança que virá após a tormenta do nosso tempo. Os fins de tarde são tranqüilos, as noites tão serenas, este céu imenso e estes vastos horizontes parcialmente iluminados pelos astros são tão tranqüilos e, silenciosamente, de uma maneira tão penetrante cantam o Eterno, o Infinito, o Além, que seríamos capazes de passar noites inteiras nesta contemplação. No entanto, abrevio essas contemplações e, depois de alguns instantes, dirijo-me para o sacrário, pois há muito mais do que tudo isso no humilde sacrário. Tudo é nada comparado ao Bem-Amado.

O deserto deixou em Ir. Carlos uma marca definitiva. Será como uma espécie de selo de família, de todos os ramos da família espiritual que tenham sua origem no carisma foucauldiano. Partindo de uma vasta tradição dos Padres do Deserto, escreve:

É necessário passar pelo deserto e nele permanecer para receber a graça de Deus: é no deserto que nos esvaziamos e nos desprendemos de tudo o que não seja Deus, onde esvaziamos completamente a casinha de nossa alma para deixar o espaço todo somente para Deus. Os hebreus passaram pelo deserto; Moisés viveu nele antes de receber a missão; Paulo, ao sair de Damasco, passou três anos na Arábia; são Jerônimo e são João Crisóstomo também se prepararam no deserto. É indispensável. É um tempo de graça. É um período pelo qual tem de passar necessariamente toda alma que queira dar fruto. É necessário este silêncio, este recolhimento, este esquecimento de tudo o que foi criado para que Deus estabeleça na alma o seu Reino e forme na alma o espírito interior, a vida íntima com Deus, a conversação da alma com Deus na fé, na esperança, na caridade... É na solidão, vivendo somente com Deus, no recolhimento profundo da alma, que esquece o que existe para viver só em comunhão com Deus, onde Deus se entrega totalmente a quem se abandona totalmente a ele.

Desde Abraão, nosso pai na fé, que no deserto é enviado por Deus a uma terra estranha para consolidar sua vocação; passando por todos os profetas, desde Moisés e Elias até João Batista, todos eles purificados por Deus no deserto e consumidos aí por seu amor em vista da missão; até o próprio Jesus, conduzido pelo Espírito ao deserto da tentação e periodicamente indo a lugares ermos para orar — a espiritualidade bíblica é incompreensível sem a dimensão do deserto.

O Absoluto de Deus, descoberto e vivido num primeiro tempo, mediante o deserto e o islã, produziu em Ir. Carlos uma experiência muito intensa de dependência como criatura, antes de chegar à consciência de filiação. A experiência do deserto rompeu o ceticismo-agnosticismo científico de Carlos de Foucauld; no entanto teve um longo caminho a percorrer para descobrir, através do caminho místico da vida cristã, sua condição de filho de Deus e irmão amado de Jesus.

A relação de Ir. Carlos com o Pai está expressa na "Oração do Abandono", considerada a maior característica de sua espiritualidade.

Deserto, em primeiro lugar, é *experiência do Absoluto de Deus* e do relativo de tudo o mais, incluídos aí as pessoas e nós mesmos. No deserto estamos sós diante de Deus, e esta presença deveria bastar para plenificar e dar sentido à nossa vida. No deserto, o amar e buscar a Deus com todo o coração, com toda a mente e com todas as forças é a única alternativa possível, e assim experimentamos a verdade fundamental da mística cristã: Deus nos amou primeiro e vem ao nosso encontro. "Agora sou eu mesmo que vou seduzi-la, vou levá-la ao deserto e conquistar seu coração" (Os 2,16). Vamos ao deserto sem enfeites e sem máscaras, no silêncio e na pobreza do ser, para escutar Deus falar ao coração, para deixar Deus ser Deus.

O silêncio é a medida do amor. Só quem ama sabe curtir o silêncio a dois. É ruidoso o mundo em que vivemos. Há demasiadas máquinas de fazer barulho: telefone, fax, rádio, TV, veículos, campainhas. Nosso cérebro habitua-se tanto à sonoridade excessiva que custamos a desligá-lo. Uns preferem remédios que façam dormir. Outros, a bebida. Assusta-nos a hipótese de manter a casa em silêncio. Decretar o jejum de ruídos; desligar rádio, TV e telefone. Isso pode levar ao pânico. A "louca da casa", a imaginação, entra em rebuliço, supondo que há uma notícia importante a ser ouvida ou um telefonema de urgência a ser recebido. Ou experimenta-se o medo de si mesmo. Sentir-se ameaçado por si mesmo é uma forma de loucura freqüente em quem, súbito, vê-se privado de sons exteriores. Como alguém preso no elevador. Não é a claustrofobia que amedronta. É o peso de suportar a si mesmo, entregue aos próprios ruídos interiores. É terrível o espectro de uma parcela dessa geração que se nutre de ruídos desconexos. Comunica-se por um código ilógico; balbucia letras musicais sem sentido; entope de sons os ouvidos, na ânsia de preencher o vazio do coração. São seres transcendentes, porém cegos. Trafegam por veredas perdidas, sem consciência de que procuram fora o que só pode ser encontrado dentro (Frei Betto).

Os monges, os contemplativos inseridos no mundo como fermento na massa, nutrem-se de silêncio. No deserto aprendemos a gostar da solidão, ouvir a voz interior, estar só para sentir-nos intimamente acompanhados, tapar os ouvidos para escutar e auscultar aquele que faz em nós sua morada. Enfim, fechar os olhos para ver melhor.

Espiritualidade é deixar-nos encontrar, amar e conduzir por Deus. Assim, o deserto salienta a dimensão da espera, da expectativa da visita de Deus que vem ao encontro de nossa impotência e aridez e se revela sempre maior que o nosso coração. Como nos testemunha Ir. Carlos: "Assim que eu acreditei que havia um Deus, compreendi que só podia viver unicamente para ele: minha vocação religiosa data da mesma hora que minha fé. Deus é tão grande! Há uma diferença tão grande entre Deus e tudo que não é ele!". Deus está sempre além das fórmulas teológicas, de qualquer utopia histórica e social, de qualquer acontecimento libertador ou de toda beleza e bondade que vemos nas pessoas ou na natureza. No Evangelho, Jesus recomenda não multiplicarmos as palavras na oração. O Pai sabe de que necessitamos. Todavia somos desatentos ao conselho. No Ocidente, falamos de Deus, a Deus, sobre Deus. Quase nunca deixamos Deus falar em nós. Agimos como aquela tia que liga para minha mãe: fala tanto que nem se dá conta de que mamãe larga o fone, vai à cozinha mexer a panela e retorna. Quem muito se explica, muito se complica, pois teme a própria singularidade.

> O silêncio ajuda-nos a descer em nós mesmos para ir ao encontro de Deus e ao nosso encontro também, pois revela ao ser humano o seu próprio mistério, o cerne do seu ser como pessoa livre, indefinível e inacessível a qualquer ciência humana. Há uma qualidade de silêncio que nos põe em estado de escuta total. É um silêncio que nos leva ao fundo de nós mesmos, em comunhão com o Ser Absoluto que nos deu a existência. Tal silêncio é sagrado e precisa ser absoluto. É tudo ou nada. É descer no mistério do "eu" que nos conduz à fronteira do Mistério de Deus e constitui uma última preparação para a escuta da Palavra incriada que nos deu a vida ao pronunciar o nosso nome (padre René Voillaume).

Em segundo lugar, o deserto é o *lugar da autenticidade e da verdade* sobre nós mesmos, sobre o que habitualmente nos rodeia, sobre nossos trabalhos, sobre a sociedade. A sós diante de Deus, no despojamento do deserto, não podemos mais nos enganar, nem continuar iludindo-nos e mascarando nossa vida. Prestígio, realizações, relações pessoais, sempre mescladas de ilusões e inautenticidade, já não acobertam nossas pretensões e mentiras nem nos desviam da verdade sobre nós mesmos e da realidade que nos cerca. A ambigüidade de nossas motivações e de nossas "generosidades" vem à tona e nos vemos tal qual somos, ou melhor, tal qual Deus nos vê. Por isso o deserto é o lugar da conversão e de purificação do coração, porque somos ambíguos na posse dos bens (pobreza), nas relações interpessoais (amor, afeto) e no uso do poder, no exercício da autoridade (obediência). O nosso amor, vivido na castidade do celibato, exige tempo de deserto para não se perder no caminho, não se tornar coração endurecido nem transviado (cf. Sl 94). Na verdade, se buscamos Deus, a tomada de consciência das mentiras e cegueiras que nos envolvem leva-nos a optar pela luz que nasce do deserto e a desapegar-nos das trevas das nossas motivações, trabalhos e relações com os outros; leva-nos a silenciar as vozes enganadoras dos ídolos, das ideologias, das riquezas, do prestígio e do poder, das paixões desordenadas, das compensações sutis do prazer. O deserto é o caminho da libertação interior, em que "Deus fala ao coração" e onde o espírito do mundo, que nos fascina, pode emudecer.

Em terceiro lugar, o deserto nos abre à verdadeira *solidariedade e misericórdia* para com os irmãos e nos ajuda a amar verdadeiramente. A aprendizagem do amor fraterno requer a atitude de deserto. A fraternidade e o serviço da comunidade exigem que em nosso espírito haja espaço para a solidão e o silêncio. Os Santos Padres nos ensinam que, paradoxalmente, a solidão dá lugar à misericórdia "porque nos faz morrer para o próximo", isto é, nos impede de julgá-lo, criticá-lo, avaliá-lo, morrer a toda espécie de preconceitos, antipatias, rancores, ressentimentos e hostilidades. Isto se torna possível porque o deserto nos dá um agudo sentir de nossos próprios defeitos e misérias, nos faz "ver a trave em nosso olho" e nos brandos e misericordiosos quando se faz necessário ajudar a "tirar o cisco no olho do nosso irmão".

O silêncio nos predispõe à compreensão dos outros, pois o hábito do silêncio nos ajuda a ouvi-los atentamente e colocar-nos em seu lugar, em vez de impormo-nos por atitudes ou palavras muitas vezes indiscretas e ofensivas. Esse silêncio faz-nos fugir da tagarelice inútil, permitindo-nos ultrapassar certa superficialidade das relações humanas, nas quais tão facilmente nos refugiamos (padre René Voillaume).

Durante o deserto vêm à tona nossas fraquezas, incoerências, ambigüidades, infidelidades, e torna-se impossível escamoteá-las ou justificá-las. Os gaúchos costumam usar uma mala de garupa que colocam nos ombros para carregar coisas na frente e atrás. Há um provérbio que aconselha virar de lado a mala, porque costumamos colocar os defeitos dos outros na frente e os nossos atrás. A solidão do deserto possibilita-nos encarar nossos defeitos e buscar os meios para superá-los. E como certos vícios e defeitos têm raízes profundas e somos impotentes para arrancá-los, precisamos da misericórdia e do perdão do Senhor. Por isso o deserto constitui lugar privilegiado para preparar a revisão de vida e o sacramento da reconciliação.

Em quarto lugar, o deserto é o *lugar das tentações*, da crise e, também, da superação das mesmas. É o lugar de nosso fortalecimento e amadurecimento, já que nosso espírito se torna forte mediante a coragem no enfrentamento da prova. Para os Santos Padres, o deserto também é o lugar do demônio e para lá se dirigiam para enfrentar e vencer as tentações, inspirados no testemunho de Jesus, quando esteve no deserto por 40 dias. Como momento forte de espiritualidade, o deserto sempre gera crise. Nele encontramos Deus, mas também o demônio. Sem tentação correríamos o risco de apoderar-nos de Deus e torná-lo inofensivo e inócuo. Pela tentação experimentamos, existencialmente, nossa distância de Deus, percebemos a diferença entre o ser humano e Deus. Quando suplicamos "Não nos deixeis cair em tentação" (Mt 6,13), não estamos pedindo para não sermos tentados, uma vez que isso seria até mesmo impossível, mas imploramos para não sermos devorados pela tentação ou fazermos algo que contrarie a vontade de Deus. Sem a tentação não sentiríamos o cuidado de Deus por nós, não adquiriríamos a confiança nele. Antes da tentação, poderíamos orar a Deus como a um ser longínquo, estranho. Após termos suportado a tentação por amor a Deus, ele nos considera como alguém a quem fez um empréstimo e por isso tem o direito de receber juros, como um amigo que nos arrancou das mãos de um inimigo. Deus se torna mais próximo e familiar. Sem a tentação, podemos tornar-nos desleixados, descuidados de nós mesmos, e passamos pura e simplesmente a vegetar. As tentações nos forçam a viver conscientemente, a exercitar a disciplina e a ascese, a permanecer sempre vigilantes e atentos. Porque nos torna mais humanos e humildes, a tentação torna-se caminho de crescimento e amadurecimento.

A miséria de que somos feitos emerge como verdade, como desânimo e até como desespero. Somos tentados a fugir do deserto porque é difícil agüentar o vazio, a solidão, as horas intermináveis, a aparente perda de tempo. Nossas agendas estão sempre abarrotadas de compromissos. Por formação e cultura capitalista, somos naturalmente voltados para a ação, para os resultados, para a extroversão. O índex do totalitarismo do consenso neoliberal decreta, hoje, o silêncio dos conceitos altruístas. Grita-se competitividade, concorrência, *performance*, disputa, privatização... Cala-se solidariedade, cooperação, doação, partilha, socialização. Edifica-se a barbárie em nome de uma civilização prometéica, na qual muitos são os excluídos e poucos são os escolhidos.

Temos medo do deserto porque o caminho mais difícil é aquele que nos leva para dentro de nós mesmos. Só quem conhece a beleza do silêncio, dentro e fora de si, é capaz de viajar por seu próprio mundo interior e encontrar o Senhor, que habita no mais íntimo de nós.

Tarde te amei, ó beleza tão antiga e tão nova, tarde te amei! Eis que estavas dentro e eu, fora. Aí te procurava e lançava-me nada belo ante a beleza que tu criaste. Estavas comigo e eu não contigo. Seguravam-me longe de ti as coisas que não existiriam se não existissem em ti. Chamaste, clamaste e rompeste minha surdez! Brilhaste, resplandeceste e afugentaste minha cegueira. Exalaste perfume e respirei. Agora anelo por ti. Provei-te, e tenho fome e sede. Tocaste-me, e ardi por tua paz (santo Agostinho, *Confissões*).

Portanto, é importante ajudar-nos em nossas fraternidades a não fugir do deserto, a realizá-lo com certa regularidade e fidelidade. Porque ou nos entregamos a Deus, ou nos fechamos em nós mesmos, fugindo de Deus: nisso consiste a tentação. Essas duas alternativas são radicais e incompatíveis, e a gravidade da crise persiste até que morramos à nossa imagem e acolhamos a presença de Deus e nos deixemos moldar e conduzir pelo seu Espírito. A graça do deserto consiste em vencer a tentação sutil que o demônio nos apresenta como um bem aparente. Deserto é o lugar de conversão e espaço vocacional. Na volta do deserto estamos mais preparados para assumir a fraternidade (espaço eclesial), para receber o sacramento do perdão e entregar a vida ao olhar dos irmãos (revisão de vida), para buscar novos caminhos de entrega e serviço ao Senhor e aos irmãos.

Nós vamos para o deserto:

- com o *Povo de Deus*, que "no deserto andava" em busca da Terra Prometida: somos descendentes e herdeiros de homens e mulheres do deserto;

- com os *Profetas*, para que o fogo da paixão por Deus nos queime por dentro, e com o coração abrasado nos deixemos seduzir;

- com *Maria*, que "guarda e medita no seu coração", e na hora certa soube dizer: "Eis aqui a serva do Senhor, faça-se em mim segundo a tua palavra";

- com *Jesus*, nosso "único modelo": vida toda aberta ao Pai e aos irmãos. Ele espera nossa resposta, como a de Pedro: "Senhor, tu conheces tudo, tu sabes que eu te amo". Por sua vez nos dirá: "Apascenta as minhas ovelhas... Quando eras moço... Segue-me" (aqui atrás de mim); "por causa de Jesus e do Evangelho";

- com os *grandes orantes* da Igreja de ontem e de hoje;

- com o testemunho fascinante e o incentivo cativante de nosso querido Ir. Carlos, para aprender a articular com ele a "Oração do Abandono", como Jesus no deserto e na cruz, para fazer a vontade do Pai e para que venha o seu Reino.

"ORAÇÃO DO ABANDONO"

VERSÃO COMPLETA

Meu Pai, entrego-me em vossas mãos.

Meu Pai, confio-me a vós.

Meu Pai, a vós me abandono.

Meu Pai, fazei de mim o que quiserdes.

O que de mim fizerdes eu vos agradeço.

Obrigado por tudo. Estou pronto para tudo.

Aceito tudo, agradeço-vos por tudo, contanto que a vossa vontade se faça em mim, meu Deus,

e em todas as vossas criaturas,

em todos os vossos filhos,

em todos aqueles que o vosso coração ama,

não desejo outra coisa, meu Deus.

Entrego a minha vida em vossas mãos.

Eu vo-la dou, meu Deus, com todo o amor do meu coração.

Porque eu vos amo e porque é para mim

uma necessidade de amor dar-me e entregar-me

em vossas mãos, sem medida e com infinita confiança,

porque sois meu Pai.

VERSÃO SIMPLIFICADA

Meu Pai, a vós me abandono.

Fazei de mim o que quiserdes.

O que de mim fizerdes, eu vos agradeço.

Estou pronto para tudo, aceito tudo,

contanto que a vossa vontade se faça em mim

e em todas as vossas criaturas.

Não quero outra coisa, meu Deus!

Entrego minha vida em vossas mãos.

Eu vo-la dou, meu Deus,

com todo o amor do meu coração.

Porque eu vos amo e porque é para mim

uma necessidade de amor dar-me,

entregar-me em vossas mãos,

sem medida, com infinita confiança,

porque sois meu Pai.

Introdução

A "Oração do Abandono" ocupa lugar central na espiritualidade de Ir. Carlos. Esta oração tão familiar a milhares de cristãos expressa o grito de confiança, de esperança e de serenidade que acompanhou Ir. Carlos, sempre certo de que Deus é "o Senhor do impossível". Provavelmente, foi escrita em 1898, durante o último ano em que permaneceu na Trapa de Akbés, na Síria. Encontra-se entre as meditações intituladas "Palavras e Exemplos de Nosso Senhor Jesus Cristo sobre a Oração, a Fé..." (seguem outros 12 títulos, mas trata apenas dos dois primeiros). Ele seleciona todos os textos em que Jesus fala sobre a oração e comenta cada um deles. A "Oração do Abandono" é um prolongamento da última oração de Jesus, quando, do alto da cruz, entrega sua vida ao Pai: "Meu Pai, em vossas mãos eu entrego o meu espírito" (Lc 23,46). A importância atribuída a esta oração aparece na maneira como Ir. Carlos a introduz: "É a última oração de nosso Mestre, de nosso Bem-Amado. Possa ela ser também a nossa oração e que não seja rezada apenas no último instante, mas em todos os momentos de nossa vida".

Conhecemos e rezamos o texto simplificado. Conserva os elementos essenciais, mas muda alguns deles de lugar e, além disso, não valoriza a força que brota da repetição. Para encontrar todo o significado tomaremos a versão original, pois ressalta melhor a riqueza do conteúdo e permite matizar alguns elementos que o resumo corre o risco de endurecer.

A oração do Filho

Convém ressaltar a originalidade dessa oração. Ir. Carlos não faz um comentário, mas uma paráfrase, um prolongamento da oração de Jesus. Caso único em suas

125 meditações sobre a oração e a fé, põe entre "aspas" a oração de Jesus ao seu Pai quando amplia o versículo de Lucas. Impossível recitá-la sem perceber que, em primeiro lugar, é a oração de Jesus, a oração do Filho Unigênito. Para sentir a intensidade da força dessa entrega filial, voltemos ao texto original, no qual a repetição da invocação possui maior importância que a atitude expressa por quem reza. "Meu Pai" aparece quatro vezes no início e assim também conclui. O começo e o fim constituem a nota dominante que dá sentido e torna possível todos os demais elementos, pois as mãos nas quais se entrega o orante são as mãos do "Pai de Nosso Senhor Jesus Cristo e nosso Pai".

A "Oração do Abandono" somente tem sentido ou pode ser pronunciada verdadeiramente pelo Filho e por aqueles aos quais o Espírito concede clamar: "*Abba*, Pai" (Rm 8,15). Essa oração não é uma das muitas do Mestre, mas a última oração, seu último grito, que talvez tenha sido simplesmente "Abba", abarcando em si a totalidade que as palavras não podiam expressar. Não é neste último espasmo de seu ser que Jesus nos entrega o seu "Espírito", tornando-nos capazes de repetir agora esta mesma oração? (Jo 19,30).

Uma oração de oferta

"Meu Pai, entrego-me em vossas mãos." A oferta de Jesus constitui a essência da oração na qual, entregando-se ao Pai, entrega-se também aos seres humanos. "Este é meu corpo entregue por vós." O que o Filho entrega nas mãos do seu Pai é todo o seu ser, seu alento, seu espírito, sua pessoa, sua vida. Cada palavra quer traduzir o dom total daquele que se oferece, se entrega, se coloca nas mãos do

Pai. Oferta de uma vontade livre: "Ninguém tira a minha vida, mas eu a entrego livremente" (Jo 10,18).

Costumamos relacionar a oração da cruz com a do Getsêmani, esquecendo a grande diferença entre as duas situações. Quando ainda é possível escolher diante das várias possibilidades, nós não nos expressamos da mesma forma como quando nos encontramos diante de um fato consumado ou pressentido como inevitável. Que escolha poderia apresentar-se a Jesus a não ser a revolta? Haveria outra possibilidade? No mesmo momento, pode suplicar ao Pai para perdoar seus torturadores, porém não pode aceitar seus atos nem suas intenções. O *inocente*, se não se revolta contra Deus, não pode fazer outra coisa senão entregar-se a *ele*. É o grito de um condenado entregue ao poder dos seres humanos.

Uma oração de confiança

"Meu Pai, confio-me a vós." Voltamos a encontrar a "infinita confiança" no final da oração resumida, porém convém não esquecer que ela está no começo do gesto da criança que se joga nos braços de seu pai e sente-se segura para o que der e vier. A confiança é o sentimento que anula o temor e o medo do futuro que paralisa o adulto.

Diante da morte e de todos os sofrimentos da vida, o ato de fé se converte em ato de confiança. Poder confiar e contar com alguém em tais momentos procede da loucura que integra o ato de fé.

Uma oração de abandono

"Meu Pai, a vós me abandono." A afirmação não se encontra nos evangelhos, mas no início do Sl 21(22): "Meu Deus, por que me abandonaste?".

Para compreender a radicalidade do abandono, é preciso colocá-lo sob a ótica dos dois pedidos precedentes: a oferta de si e a confiança. Palavras de Ir. Carlos que se encontram nas meditações dos versículos anteriores ao nosso, ajudam-nos a ampliar o sentido que buscamos:

O doce abandono de um filho que se sente amado... Doce familiaridade, entrega, abandono absoluto. Jesus pensa em voz alta falando de seu Pai. Diz os pensamentos tal como lhe chegam ao coração e os pronuncia com o abandono de um filho. A nota dominante desta oração é a confiança, o abandono. É um filho que fala a seu Pai com um abandono terno, íntimo e familiar.

Uma oração de conformidade com a vontade do Pai

"Meu Pai, fazei de mim o que quiserdes." A invocação muda de registro. Já não é mais a oração de Jesus agonizante, pois o orante fala no futuro e concentra-se na oração do Getsêmani e do pai-nosso: "Seja feita a vossa vontade". Trata-se do que é feito para nós e não daquilo que fazemos. São os acontecimentos que caem sobre nós, as contradições, a enfermidade, os sofrimentos, a morte. Saber interpretar essas situações para descobrir melhor a vontade do Pai que nos ama é entrar na oração de Jesus: "Não se faça a minha vontade, mas a tua" (Lc 22,42).

A perfeição do amor reside na confiança entre a vontade do Pai, seu desejo sobre mim e meu próprio desejo: "Não quero outra coisa, meu Deus". O caminho da santidade vai-se fazendo através da lenta aproximação dos desejos sob a ação do Espírito que integra e unifica tudo com a vontade do Pai.

O desejo de união total ao amor do Pai estende-se a todos aqueles que nasceram da sua vontade: "Contanto que a vossa vontade se faça em mim, em todas as vossas criaturas, em todos os vossos filhos, em todos aqueles que o vosso coração ama". O coração de Deus, que ama a cada um de seus filhos e deseja a sua felicidade, comove-nos mais que o Deus Criador e Providência que teria predisposto tudo e a quem tudo deve submeter-se numa aceitação servil.

O desejo do Pai é a benevolência revelada na pessoa de Jesus, em quem o Pai colocou todo o seu amor, e na predileção pelos pequenos, aos quais é dado conhecer e acolher os mistérios do Reino: "Sim, Pai, porque assim foi do teu agrado" (Mt 11,26).

Uma oração de ação de graças

Quando Jesus diz: "Eu te louvo, ó Pai, Senhor do céu e da terra..." (Lc 10,21), expressa uma oração de louvor. Quem pensa fazer da "Oração do Abandono" uma oração de agradecimento? No entanto, as palavras não faltam: "O que de mim fizerdes eu vos agradeço, obrigado por tudo... agradeço-vos tudo". Três agradecimentos pelo que aconteceu, pelo que está acontecendo e por aquilo que virá.

Reconhecer as maravilhas operadas no passado, dar graças pelo presente é descobrir o amor do Pai, sempre maior e surpreendente. Agradecer por um futuro imprevisível é renovar a entrega confiante no Pai que nos ama e não simplesmente aceitar e resignar-se.

Uma oração-declaração de amor

"Porque eu vos amo." Na oração de Jesus, não se encontra nenhuma declaração verbal de amor ao Pai. Ir. Carlos, porém, não podia evitar colocar um "Eu vos amo" nos lábios de Jesus. Brotava de sua necessidade pessoal, "uma necessidade de amor", que precisava expressar-se. No dizer de padre Huvelin, ele "fez da religião um amor".

As cartas, da mesma forma que as meditações, estão carregadas de expressões afetivas que refletem a piedade da época. Ele sabe, contudo, que esta "necessidade de amor" que impulsiona o enamorado a entregar-se nem sempre é uma experiência sensível. Dirá que existem "declarações de amor com provas" que não são palavras nem sentimentos. No dia de sua morte, retomando as últimas palavras pronunciadas por padre Huvelin antes de morrer: "Nunca amarei bastante", comenta:

> Quando se pode sofrer e amar, pode-se muito, chega-se ao máximo do que se pode fazer neste mundo. Sinto que sofro, porém nem sempre senti que amo e isto é mais um sofrimento. Sei, porém, que gostaria de amar e desejar amar já é amar. Percebemos que não amamos e nunca amaremos suficientemente, mas o Bom Deus sabe de que barro nos fez e nos ama mais do que uma mãe é capaz de amar seu filho. Ele não mente, por isso jamais rechaçará quem se aproxima dele.

Uma senhora que rezava a "Oração do Abandono" substituía o "porque eu vos amo", nem sempre fácil de dizer com toda a verdade, por uma fórmula mais realista, "porque vós me amais".

Um dia ou outro, compreenderemos que não temos outra escolha: se desejo seguir a Cristo, devo escolher e, por causa do seu amor, eu também devo e posso amar. Não há caminho de libertação fora desse amor purificador que queima como fogo dentro de mim. Não há caminho de libertação senão amando a Deus e prosseguindo o caminho de Jesus... "Não existe amor maior do que dar a vida pelos amigos" (Jo 15,13). Alguns meses antes de sua morte, Ir. Carlos anotou em seu caderno esta frase da *Imitação de Cristo*: "Quem não está disposto a sofrer tudo e a abandonar-se inteiramente à vontade do seu Bem-Amado, não sabe o que é amar".

Uma oração na medida do amor

Ir. Carlos não é homem de meias medidas. Deseja tudo e imediatamente. Viver só para Deus, deixar tudo, entregar-se sem medida. "Quando descobri que Deus existia, descobri também que não poderia viver senão só para ele", escreve, comentando sua conversão. O Absoluto, que parece tão simples, complica-se quando deve passar às ações concretas, pois, para as criaturas, tudo é relativo. Só Deus é simples. O orante se aproxima dele por atos sucessivos, repetidos, de compromissos limitados e parciais. É o Absoluto buscado, amado, servido no provisório que um dia será definitivo.

As repetições, a abundância de palavras, em sua oração, são um exemplo. São como as expirações contínuas que esvaziam totalmente os pulmões e permitem que a respiração vivificadora penetre mais profundamente. Impossível expressar, de uma só vez e sem vacilações nem dúvidas, o mais profundo desejo de ser. Diante do fato consumado, como a morte, por exemplo, não se revolta, pois o orante não tem outra alternativa senão aceitá-la. No entanto sua forma de falar no pretérito presente revela dúvida ao pronunciar palavras que não sabe se serão verdades amanhã. "Estou disposto a servir, aceito a vida que me propões."

Está certo, mas quem pode dizer sem presunção: "Estou preparado para tudo, aceito tudo"?

Menos mal, pois existe o "contanto que", que limita um pouco a afirmação e devolve a pretensão a um nível humano, não ao de super-homem, mas à situação de criatura, de filho que se sente amado pelo pai. "Tudo o que de mim fizerdes", quer dizer também "tudo o que eu fizer", pois a finalidade da oração é unicamente me ajudar a fazer com amor aquilo que Deus deseja ver-me realizando. "Nosso amor a Deus deverá ser absolutamente sem medida. Nosso desejo de sua glorificação exterior... nossa vontade de sofrer... devem ser limitados somente pela sua vontade."

A oração termina como começou

"Porque sois meu Pai." Uma só palavra abarca todas: "Abba!". Distinta de todas as outras, a "Oração do Abandono" é, para Jesus, o ato supremo, a culminância da união mística no êxtase, o ato de "saída de si mesmo" no Outro. E isso acontece na dor insuportável do suplício da cruz.

Neste momento, o homem está só, qualquer que seja o afeto daqueles que o rodeiam. Já não diz "Pai Nosso", mas somente "*Abba*, meu Pai", expressão da solidão na qual se revela plenamente a relação de Filho com seu Pai, de homem com Deus. É a hora em que o véu do templo se rasga. Conta apenas a união de duas pessoas no aniquilamento do humano. Não podendo traduzir *Abba* por Papai, o pronome "meu" sinaliza familiaridade, "o terno abandono do filho que se sente amado", que não se encontra em outras fórmulas de oração: Pai Santo, Pai do Céu, Pai Todo-Poderoso...

Para os que julgam a "Oração do Abandono" demasiado individual, convém recordar-lhes que no ato do supremo abandono nas mãos do Pai Jesus se entrega pela multidão de irmãos.

Toda oração autêntica não é feita na ótica dessa última oração? Está situada no segredo do lugar onde o Pai se revela, segredo do quarto fechado ou segredo do coração aberto. Está perdida de si no Outro e assemelha-se a uma morte. Assim, a oração de Jesus pode converter-se em nossa oração e em uma oração de todos os momentos.

Teresinha de Lisieux e Carlos de Foucauld

Foram contemporâneos, mas não se conheceram. Tudo indica que Ir. Carlos também não chegou a ler *História de uma alma*, escrita em 1898. Mesmo assim, entre ambos há muitos elementos semelhantes e que se harmonizam perfeitamente com os diferentes aspectos da "Oração do Abandono" que analisamos. Para comprovar, citamos alguns pensamentos de santa Teresinha:

"Jogar-se em vossos braços e aceitar vosso amor infinito."

"Abandonar-se com inteira confiança."

"Minha loucura é a confiança."

"Que eu me eleve a ele pela confiança e pelo amor."

"Estou disposta a entregar minha vida... Amar até a morte."

"Ele é livre para fazer de mim o que quiser."

"Não tenho nenhum outro desejo a não ser o de amar a Jesus."

"Quando se ama, sente-se o desejo de dizer mil loucuras."

"Eu desejo amar a Jesus com paixão, dar-lhe mil mostras de amor."

"Às vezes, tenho verdadeiros transportes de amor."

O abandono a Deus na posteridade de Carlos de Foucauld

Citaremos alguns textos dos escritos das fraternidades para situar a importância do abandono a Deus nos diferentes ramos da família espiritual de Ir. Carlos.

A infância espiritual é fruto da maturidade da fé e não de uma atitude infantil. É o abandono à vontade do Pai, com a confiança alegre de uma criança. (Constituição das Irmãzinhas de Jesus, n. 16).

A via da infância espiritual que marca a vida das irmãzinhas dá à sua obediência uma nota particular de simplicidade, de abandono e de liberdade que a protegerá do formalismo das observâncias exteriores. Porém a obediência poderá ser vivida na noite da fé, o que requer uma plena adesão ao mistério do aniquilamento de Cristo (Id. n. 49).

Mesmo sendo Filho, aprendeu a obedecer por meio dos sofrimentos (Id. n. 50).

É com um coração verdadeiramente simples e com uma confiança total que poderão entregar suas vidas, como crianças, nas mãos de todos e, um dia, nas mãos de Deus. Assim, unem-se a seu Salvador, que se fez obediente até a morte na cruz para dar a vida a todos os seres humanos. (Constituição dos Irmãozinhos de Jesus, n. 33).

Não sabendo até onde os conduzirá o chamado de Jesus para segui-lo, nem por qual caminho os unirá a seu amor redentor, os irmãos se entregam a ele num abandono total, confiantes na força de sua ressurreição (Id. n. 37).

O abandono se concretiza de forma efetiva através da pobreza. A prática do abandono é, na verdade, renúncia por amor a todas as garantias humanas. A pobreza deve ser alegre, pois é, acima de tudo, um ato de fé e de abandono. Nessa situação desejada por amor acontece a realização concreta de um abandono de criança que torna quase sensível a solicitude paterna de Deus... Cuidemos para que o trabalho, a segurança social e outros interesses não venham ofuscar em nós a confiante entrega de nós mesmos nas mãos de Deus (padre René Voillaume, *Lettres aux fraternités*, t. 1, p. 48).

A pobreza evangélica deixa o coração livre e alegre, tornando-o disponível para a oração, para a partilha e para o abandono total à Providência (Constituição dos Irmãozinhos de Jesus, n. 15).

É com o abandono da criança que elas andam pelo caminho da pobreza evangélica. Será fonte de esperança e de paz e lhes permitirá alcançar a alegria das bem-aventuranças (Constituição das Irmãzinhas de Jesus, n. 43).

Finalmente, é em relação à oração que se falará em abandono. A "Oração do Abandono" a Deus, recebida de Ir. Carlos, far-se-á pouco a pouco, como o murmúrio de seus corações expressando o desejo de entregar suas vidas para que nelas e em todas as criaturas se cumpra a vontade do Pai (Id. n. 72).

Dia após dia, os irmãos irão descobrindo que não sabem "rezar como convém". Eles se abandonam com confiança ao amor misericordioso do Senhor que lhes prometeu o Espírito para "ajudar a sua fraqueza". O Espírito torná-los-á humildes de coração e ensinar-lhes-á a rezar, como ao publicano, a oração dos pobres (Constituição dos Irmãozinhos de Jesus, n. 42).

"A semelhança é a medida do amor"

O amor apaixonado de Ir. Carlos pelo Bem-Amado Irmão e Senhor Jesus levou-o a colocar nos seus lábios a oração que ele não teve condições de formular antes de seu último grito. É a oração que permaneceu como a tênue chama vacilante de uma lamparina escondida debaixo do pesado manto do cansaço e de seu corpo dilacerado quando se arrastava pelas pedras do caminho, esmagado pelo peso da cruz e durante as últimas horas de agonia. O ato supremo da vida de Jesus, a prova maior de seu amor, a ação que salvou o mundo, não se realizou na tranqüilidade de uma serena oração contemplativa, mas no esforço doloroso e dramático de uma oração balbuciada em meio aos cruéis tormentos do corpo arrebentado pelo sofrimento. Por que uma vida presbiteral ou religiosa não estaria consagrada mais especialmente a deixar Jesus reviver em nós uma oração semelhante à sua? É o convite que nos faz Ir. Carlos quando inicia o comentário: "É a última oração de nosso Mestre, do nosso Bem-Amado. Possa ser também a nossa e não seja rezada apenas no último instante, mas em todos os momentos de nossa vida".

PREGAÇÃO DE PAULO: EVANGELHO DA CRUZ.

IRMÃO CARLOS: A BUSCA DO ÚLTIMO LUGAR

O hino cristológico — Fl 2,5-11 —, coração da Carta aos Filipenses, é o resumo do evangelho de Paulo.

A *kénosis* do hino cristológico tem tudo a ver com a "busca do último lugar" na vida e espiritualidade de Ir. Carlos. Apenas convertido, ele ficou marcado para sempre por uma afirmação proferida por padre Huvelin numa homilia:

> "Jesus escolheu de tal modo o último lugar que ninguém lhe poderá tomar." Essa frase de padre Huvelin ficou gravada de forma indelével em minha alma. Esta sede de vos oferecer o maior sacrifício possível, abandonando minha família, que era toda a minha felicidade, e indo viver e morrer longe dela em busca de uma vida de conformidade com a vossa, Senhor, na qual me fosse dado partilhar inteiramente vossa abjeção, vossa pobreza, vosso trabalho humilde, vosso esvaziamento, vossa sepultura. E a isso me determinei resolutamente.

A partir daí, tentou com todos os meios partilhar com Jesus o último lugar.

Os filipenses estavam confusos porque haviam surgido falsos pregadores: os judeo-cristãos ou judaizantes. Além de continuar exigindo a circuncisão e a prática da lei, anunciavam uma cristologia de milagres, concepção "triunfalista" de Cristo, ressurreição sem a cruz.

Se o apóstolo prega um Evangelho falso, não é um verdadeiro apóstolo, mas um "cão" (insulto dos judeus aos pagãos, portanto devolve o insulto a eles), "um mau operário" e "falso circunciso" (3,2-3), pois confia na carne-lei.

Para Paulo, o que permite fazer o discernimento, a distinção entre falso e verdadeiro Evangelho é a cruz. O evangelho de Cristo está centrado na cruz. O Evangelho que não coloca a cruz no centro não é o evangelho de Jesus Cristo. "Entre vós não quis saber de outra coisa a não ser de Jesus Cristo, e Jesus Cristo ressuscitado" (1Cor 2,2). A cruz é loucura para os judeus, escândalo para os pagãos, mas salvação para os que crêem (1Cor 1,18-31). Aqui está o que faz a autenticidade da pregação de Paulo:

1. Paulo afirma com toda a radicalidade que há somente um meio de libertação: a cruz de Cristo. Opõe-se a todos os que buscam apoio nas suas tradições religiosas, em ritos, manifestações de poder. Por exemplo: anunciar a cruz de Cristo é excluir a necessidade da lei dos judeus ou da circuncisão.

2. A cruz é o caminho escolhido por Jesus, que renunciou a todos os privilégios e a todos os poderes que lhe davam superioridade. Renunciou aos direitos de Deus (onisciência, onipresença, onipotência) e também aos direitos de um homem livre. A cruz é esvaziamento de todo o poder. Significa a condição de escravo condenado injustamente e expulso do seu povo para morrer como um reprovado, visivelmente rejeitado até por Deus. Paulo segue Jesus

no seu aniquilamento. Renunciou a tudo o que ele era, a qualquer forma de privilégio ou poder. Tudo espera de Cristo. "Para mim, o viver é Cristo" (1,21). "Perdi tudo a fim de ganhar Cristo e estar com ele" (3,8-9).

3. O evangelho da cruz é o esvaziamento que se manifesta na perseguição, na prisão, no opróbrio da morte crucificada, que é a morte de um excomungado-herege. Paulo prega a cruz de Cristo porque pessoalmente está sendo perseguido, preso, sob a ameaça de morte, mas está disposto a aceitar esta morte por Cristo, com Cristo. Quem prega um Evangelho que não inclui o perigo de prisão e de morte, não prega o evangelho da cruz.

4. Por fim, o evangelho da cruz significa o serviço a todos. Jesus escolheu a condição de escravo, isto é, homem obediente que serve aos outros, escravo voluntário pelo bem dos outros. Por isso Paulo nada quer para si mesmo, somente o bem da comunidade. Em virtude desse caminho da cruz Paulo quer subsistir pelo próprio trabalho para que ninguém venha a cogitar que ele evangeliza em função do salário ou de outras regalias.

Outras motivações que levaram Paulo a optar pela sobrevivência através do trabalho de fabricante de tendas: não ser pesado a ninguém, dispor de recursos para partilhar com os mais pobres, identificar-se com Jesus, "o filho do carpinteiro", descobrir no trabalho a porta de entrada para a vida, a cultura, os sofrimentos e esperanças dos pobres. Fiz esta experiência trabalhando um ano como varredor de rua em Salvador, Bahia, em 1981. A ajuda que aceitou dos filipenses foi uma exceção motivada pelo serviço dos próprios filipenses. Timóteo, fiel discípulo de Paulo, também se tornou "escravo do Evangelho" (2,2; 2,19-23). Epafrodito participa do mesmo espírito, veio servir Paulo na prisão, arriscou a vida, já que no seu serviço ficou doente e quase morreu (2,25-30). Os filipenses também estão do lado da cruz de Cristo. Solidarizam-se com Paulo na sua prisão. São fiéis e não se deixam seduzir pelos falsos apóstolos. Colaboram na evangelização, por isso merecem amor tão grande de Paulo.

Se este é o evangelho da cruz, é evidente que o hino cristológico expressa exatamente o conteúdo do Evangelho. Por isso o lugar que ocupa na carta é realmente central. Paulo achou neste hino a melhor expressão condensada do Evangelho. Sem dúvida, é o resumo do evangelho de Paulo e tem importância única na pregação do apóstolo.

O evangelho da cruz é o evangelho de Jesus porque ele mesmo escolheu o caminho da cruz: abandonou qualquer apoio, qualquer poder e até qualquer dignidade humana. Aceitou a perseguição, a morte, a rejeição total e até a aparente rejeição de Deus. Dedicou ao serviço dos irmãos todas as suas forças, fez-se obediente e nada quis para si. Por isso Jesus foi o missionário autêntico. Parecido com ele deverá ser todo o missionário verdadeiro. "O discípulo nunca será superior ao Mestre. Mas o discípulo autêntico será parecido com o Mestre" (Lc 6,40). "A semelhança é a medida do amor."

O caminho de Jesus tem dois movimentos:

Baixar	Subir
Humilhação	Exaltação
Fez-se homem	Recebe nome novo: Senhor
Torna-se escravo	Nova condição: ressurreição
Obediente até a morte	Adoração ao nome de Jesus
Morre crucificado	No céu, na terra e no inferno
Reduziu-se a nada	Recebeu tudo

Cristo rebaixa-se. Quando alcança o ponto mais baixo da descida, o Pai o exalta e o faz subir ao ponto mais alto. A descida começa a partir do ponto mais alto. Cristo estava no nível de Deus. No fim, volta a esse nível de Deus. Mas para voltar ao seu nível, ele desceu ao nível mais baixo possível nesta terra. "Em toda a sua vida não fez outra coisa senão rebaixar-se. Escolheu de tal modo o último lugar que ninguém lhe poderá tirar" (Carlos de Foucauld). Deus veio entre nós para fazer pós-graduação em pequenez (manjedoura, cruz e eucaristia).

Na mente de Paulo, este duplo movimento contém toda a novidade do Evangelho. *Kénosis* significa esvaziamento, aniquilamento, redução a nada. Perdeu não somente o poder da divindade, mas os próprios direitos e poderes naturais de todo ser humano.

Jesus não se contentou em descer o *primeiro* degrau, aparecendo como homem. Desceu o *segundo* degrau, tomando a forma de homem pobre, oprimido, a condição de escravo humilhado pela perseguição injusta. Não foi escravo de nascença, nem de conquista, mas escravo voluntário: vida de serviço voluntário aos seres humanos. Mas não foi retribuído. Seus serviços foram pagos mediante perseguições, humilhações e, finalmente, pela morte. Essa condição de escravo é o elemento mais visível e espetacular do esvaziamento.

O *terceiro* degrau acentua, explicita ainda mais o segundo. Ser escravo é ser obediente. Esvaziar-se é humilhar-se. Aqui, porém, a condição de escravo vai até a morte, e morte de cruz. Essa morte sublinha a ausência total de poder do escravo, pois a morte na cruz é uma morte maldita.

A cruz, na teologia de Paulo, é a expressão extrema da condição de escravo e do esvaziamento de todo o poder. É o *quarto* degrau na descida de Jesus até a impotência total, até a eliminação de todas as forças e todas as dignidades. Reduziu-se a nada.

Depois da descida vem a subida. Depois da humilhação vem a exaltação. Não se trata de uma simples sucessão, mas há um laço de causalidade entre os dois movimentos. O elo de ligação encontra-se na expressão "por isso Deus o exaltou".

Não há caminho de subida, não há caminho para o Reino de Deus que não seja passando pela humilhação. "Se o grão de trigo caído na terra não morrer, não produzirá fruto" (Jo 12,24). A cruz está no coração do evangelho de Marcos: "Quem quiser ser meu discípulo... Quem guardar a vida para si, vai perdê-la" (8,34-35). O caminho da cruz é a etapa inevitável para Jesus e para todos quantos queremos participar do seu Reino. O "por isso" já estava no Cântico do Servo de Javé (Is 53,12s).

Existe, naturalmente, uma marcante oposição entre o *escravo* que Jesus foi e o *Senhor* que começou a ser com a ressurreição. O escravo torna-se Senhor pelo poder de Deus. Aquele que os seres humanos trataram como escravo obediente e humilhado, Deus o tratou como Senhor. Por isso ele merece a adoração devida somente a Deus (Is 45,23). Se Jesus merece tal homenagem é porque recebeu o Nome de Deus e, com o Nome, todos os direitos e atributos de Deus. Céu, terra e inferno querem dizer a totalidade do universo em atitude de louvor e adoração.

O hino culmina com a profissão de fé. É a profissão de fé dos primeiros cristãos europeus evangelizados por Paulo. Ao cantar o hino, a comunidade se associa à criação inteira redimida pela morte e ressurreição do *Kyrios*. A liturgia acompanha a adoração do mundo inteiro.

Tiremos algumas conclusões para nossa vida e ministério.

1. *Kénosis*: "Tende em vós os mesmos sentimentos de Cristo" (2,4). Em nossa vida e ministério somos convidados a seguir o mesmo caminho de Jesus, a mesma prática de despojamento, esvaziamento de si, escravo voluntário que se coloca livre e generosamente a serviço de todos. Se somos seguidores do Mestre e Senhor, que escolheu em tudo o último lugar, como podemos estar entre os que buscam o primeiro lugar? Com a paixão de um convertido, Ir. Carlos diz: "Meu Deus, não sei como é possível para alguém ver-te pobre e continuar rico como antes... Quanto a mim, não posso conceber o amor sem a necessidade, a necessidade imperiosa de identificação, de semelhança e, sobretudo, de partilha, de todos os sofrimentos, de todas as dificuldades, de todas as durezas da vida".

2. Todo e qualquer triunfalismo pessoal, eclesial, pastoral, é antievangélico. Clericalismo, concorrência, carreirismo, autoritarismo estão na contramão do Evangelho. Ministério quer dizer *minus stare*, estar abaixo para lavar os pés de todos. O *minus stare* deve visibilizar-se na pobreza, austeridade, humildade. O ministério ordenado tem radical forma diaconal. O Concílio Vaticano II restaurou o diaconato permanente para questionar o presbiterado e o episcopado. Não recebemos a ordenação diaconal como simples degrau para a ordenação presbiteral, mas para sermos a vida inteira presbíteros servidores.

3. A *kénosis* no seguimento de Jesus nos leva a mergulhar no abismo do sofrimento e da miséria humana de milhares de brasileiros para, através da força do Ressuscitado, reerguer homens e mulheres decaídos e excluídos. "Pobres sempre tereis no meio de vós" (Mc 14,17). E se não forem recebidos em nossas igrejas e instituições... ou, pior ainda, se forem tão mal recebidos e maltratados como o são nas repartições públicas, em que outro lugar poderão esperar acolhida, atenção e respeito?! Quanto maior for a miséria, tanto maior deverá ser a misericórdia. "Tudo o que fizerdes ao menor dos meus irmãos é a mim que o fazeis" (Mt 25,40).

Opção pelos pobres é colocar-se ao lado dos crucificados e sofrer o desprezo e rejeição que recai sobre eles. Quem trabalha na Igreja de Roraima sente em sua própria pele todos os preconceitos, desprezo e rejeição que os não-índios manifestam aos índios. "Para ser missionário em Roraima é preciso ter vocação para o martírio", disse-nos dom

Jayme Chemello na visita que nos fez quando ainda era presidente da CNBB. "É preciso tocar as chagas do Crucificado para encontrar o Ressuscitado", dizia o texto-base da Campanha da Fraternidade de 1995, dedicada aos excluídos.

JESUS E IRMÃO CARLOS: EVANGELIZAR COM MEIOS POBRES

Jesus assume a vida pública a partir do lugar dos pobres e da opção por eles, embora tenha mudado de estilo de vida. De sedentário em Nazaré converteu-se em itinerante incansável. De trabalhador manual transformou-se em missionário, pregador, profeta. De judeu observante passou a ser o centro da Nova Aliança. De filho do carpinteiro terminou por revelar-se Filho de Deus. Contudo, em sua atividade missionária Jesus permaneceu absolutamente fiel aos valores da vida de Nazaré. Vive a missão a partir de Nazaré.

A contemplação das atitudes de Jesus, durante a sua vida pública, segundo os evangelhos, nos levaria longe. Lembremos sua humildade e paciência diante da debilidade e da miséria humana (Mt 11,29; Jo 8,11). Sua compreensão e tolerância diante da rejeição e da dureza dos corações, à espera do momento da conversão e da mudança (Mt 12,18-21). Sua fidelidade em propor a verdade, mesmo que isso o tornasse impopular (Jo 6,43-61). Sua dedicação e ternura para com cada pessoa que requeria sua amizade e ajuda, qualquer que fosse a sua condição (Mc 3,10; 5,24-34;10,12-16. Mt 20,29-34; 9,18-19; 8,5-7).

Por seu amor-amizade para conosco, Jesus é nosso irmão e amigo. O "amor maior" (Jo 15,13), sem amenizar o radicalismo que contém, pode ser traduzido por "amizade". A intimidade com ele transforma a vida dos que o encontram e imprime sentido radicalmente novo à existência de cada um. Por seu amor de misericórdia, que qualifica sua amizade, Jesus é nosso salvador e libertador. A misericórdia é a prática da caridade que liberta os outros de seus males e misérias. "Jesus viu a multidão e teve compaixão porque eram como ovelhas sem pastor" (Mc 6,34). A misericórdia é o motor da missão de Jesus e esclarece porque sua inserção se concretizou preferencialmente entre os excluídos e pecadores, e entre os mais pobres e sofredores: a oferta da misericórdia de Deus se concentra onde o abandono e a miséria humana são maiores. Por isso a forma mais autêntica de inculturação consiste no "êxodo" para conviver com aqueles que, hoje, padecem tantas formas de exclusões. Nossa amizade lhes revela o amor gratuito de Deus. A misericórdia nos solidariza com os excluídos e nos compromete na luta para ajudá-los na libertação de suas misérias.

Jeito de evangelizar de Irmão Carlos

De que meios ele se serviu para viabilizar sua maneira de anunciar o Evangelho? Não há dúvida de que Ir. Carlos, por nascimento, cultura, situação financeira, família, era bastante rico e influente. Não qualquer padre teria conseguido as licenças que ele obteve para instalar-se no Saara, numa época em que as relações entre o Estado francês e a Igreja andavam tão estremecidas que, em 1904, chegaram à separação de fato.

Lembremos, contudo, que Ir. Carlos vai à África para testemunhar Jesus de Nazaré, que durante toda a vida não fez outra coisa senão descer. Com a paixão de um convertido, diz:

> Meu Deus, não sei como é possível para alguém ver-te pobre e continuar rico como antes... Quanto a mim, não

posso conceber o amor sem a necessidade, a necessidade imperiosa de identificação, de semelhança e, sobretudo, de partilha, de todos os sofrimentos, de todas as dificuldades, de todas as durezas da vida.

A partir de tal opção ele também explicita os meios para evangelizar:

> Os meios que Jesus nos deixou para continuar a obra de salvação do mundo, os meios de que se serviu no presépio, em Nazaré e sobre a cruz são: pobreza, abjeção, humilhação, abandono, perseguição, sofrimento e cruz. Eis as armas, as do nosso esposo divino, que nos pede para deixá-lo continuar em nós sua vida... Não encontraremos ninguém melhor do que ele — ele não envelheceu... Sigamos esse "modelo único" e estejamos certos de que faremos muito bem, porque não somos nós que vivemos, mas ele que vive em nós. Nossos atos não serão mais ações nossas, humanas e miseráveis, mas as suas ações, divinamente eficazes.

Ir. Carlos, bem antes do Concílio Vaticano II, começava a praticar o que agora se chama de macroecumenismo. Numa época em que era comum ouvir "fora da Igreja não há salvação" ele confessou a um amigo protestante: "Estou aqui não para converter os tuaregues, mas para tentar compreendê-los. Acredito que o Bom Deus acolherá no céu aqueles que forem bons e honestos. Os tuaregues são muçulmanos, mas Deus receberá a todos, se merecermos". Os tuaregues também rezavam por ele, para que pudesse ir ao céu, embora fosse cristão... Era o desejo não só das mulheres, como o de Musa ag Amastan, chefe da região: "Que nos encontremos com ele no paraíso".

Entre muçulmanos e tuaregues, o ardor missionário de Ir. Carlos cedeu lugar ao contemplativo que descobria a força da evangelização conduzida pela bondade e comunicada pelo testemunho silencioso:

> Você quer saber o que se pode fazer pelos nativos: não é hora de falar-lhes diretamente de nosso Senhor; seria afugentá-los. É preciso confiar neles, fazer-se amigo, prestar-lhes pequenos favores, dar-lhes bons conselhos, unir-se em amizade a eles, exortá-los discretamente a seguir a religião natural, provar-lhes que os cristãos se amam... Gritar o Evangelho de cima dos telhados, não com palavras, mas com a vida.

Meditando sobre o episódio da filha de Jairo, no qual Jesus, depois de tê-la ressuscitado, mandou que dessem a ela o que comer, Ir. Carlos comentava:

> Tenhamos essa delicadeza afetuosa que chega aos detalhes e sabe, com quase nada, colocar tanto bálsamo nos corações... Façamos assim com aqueles que estão perto de nós, indo até os pequenos detalhes de saúde, de consolo, de orações, de carências. Consolemos, confortemos com as atenções mais minuciosas. Tenhamos por aqueles que Deus coloca ao nosso lado essas pequenas, delicadas e afetuosas atenções que irmãos muito afetuosos teriam entre si, que mães muito ternas teriam para com seus filhos, a fim de, na medida do possível, consolarmos todos aqueles que nos cercam e sermos para eles consolo e bálsamo, como nosso Senhor foi sempre para todos aqueles que dele se aproximaram.

No artigo 28, intitulado "Meios para a conversão das almas afastadas de Jesus", do Diretório da Associação dos Irmãos e das Irmãs do Sagrado Coração, ele explicita de um modo admirável o apostolado da bondade:

A gente faz o bem não na medida do que diz e do que realiza, mas na medida do que a gente é, na medida da graça que acompanha nossos atos, enquanto nossos atos são atos de Jesus que agem em nós e por nós. Por seu exemplo, os irmãos e as irmãs devem ser uma pregação viva: cada um deles deve ser um modelo de vida evangélica. Observando-os, deve-se descobrir o que é a vida cristã, o que é o Evangelho, o que é Jesus. A diferença entre a sua vida e a dos não-cristãos deve mostrar claramente onde está a verdade. Eles devem ser um Evangelho vivo: as pessoas afastadas de Jesus, especialmente as que não têm fé, devem conhecer o Evangelho, sem livros e sem palavras, simplesmente os vendo viver. O exemplo é a única ação que pode influenciar almas que se opõem a Jesus, que não querem ouvir as palavras de seus servidores, nem ler seus livros, nem receber seus donativos, nem aceitar sua amizade, nem comunicar-se com eles de maneira alguma. Para estas, o melhor é o exemplo. Mas essa ação pelo exemplo é tanto mais forte quanto menos desconfiança suscitar, pois qualquer aparência de engano ou sedução as mantêm afastadas.

Numa carta ao amigo J. Hours, escreve: "Dar-se totalmente a todos para dá-los todos a Jesus, tendo para com todos bondade e afeição fraternas, prestando todos os serviços possíveis, afetuoso nos contatos, terno irmão para todos, a fim de levar pouco a pouco as almas a Jesus, praticando a sua mansidão".

Interessa-se por tudo o que possa melhorar a vida dos tuaregues sob todos os aspectos. Anota em seus cadernos diversos tratamentos e receitas, destinados a diferentes enfermidades, feridas, mordeduras de cobras, picadas de escorpião, varicela, cólicas hepáticas, sífilis... e os medicamentos que deve pedir à França para poder aplicar esses tratamentos. A seguir, faz longa lista de sementes de hortaliças e árvores frutíferas e solicita aos amigos que as enviem e expliquem como devem cultivá-las. Chega a ponto de interessar-se por atividades e vaidades femininas. Numa de suas viagens à França, aprendeu tricô para ensiná-lo às mulheres tuaregues. Escreveu à prima solicitando "modelos de sapatinhos de crochê para criança de um ano e meias para crianças da mesma idade". Em outra ocasião pediu à sua sobrinha tintura de cabelo, pois "não faltam *mulheres que vêm pedir um 'remédio' para escurecer alguns cabelos brancos"*.

Seu grande trabalho, além dessa inculturação, foi o estudo da língua e da cultura desse povo. Elaborou várias obras: uma gramática e coletânea de textos, um dicionário tuaregue-francês-tuaregue em quatro volumes, e uma importante coletânea de poesias tuaregues, em dois volumes, todos publicados após sua morte. Pressentindo seu fim, escreveu, no ano de sua morte: "Como dá trabalho este dicionário. Desejo tanto vê-lo terminado! Isto faz de mim um sedentário e me impede de ver as pessoas como eu desejaria". Na encíclica *Populorum progressio* (n. 12), Paulo VI destaca a obra dos missionários que, juntamente com a evangelização, trabalharam pela promoção humana e cita Foucauld como exemplo:

Em muitas regiões, os missionários foram contados entre os pioneiros do progresso e do desenvolvimento cultural. Basta lembrar o exemplo de padre Carlos de Foucauld, que, pela sua caridade, foi considerado digno de ser chamado "irmão universal", e redigiu um precioso dicionário da língua tuaregue. Sentimo-nos na obrigação de prestar homenagem a esses precursores, tantas vezes ignorados, a quem a caridade de Cristo impelia, assim como a seus dignos sucessores, que, ainda hoje, continuam a servir generosa e desinteressadamente aqueles que evangelizam.

A bondade, a acolhida, a hospitalidade, as visitas, a valorização da cultura, o aprendizado da língua, o diálogo aberto e cordial compõem o meio de evangelização mais importante e original de Ir. Carlos: a amizade. Sem ela não se pode entender a forma ou estilo de seu dinamismo evangelizador e apostólico. É a amizade, canal de comunicação do amor entre as pessoas, que permite a comunicação do que Ir. Carlos descobriu de mais importante: sua amizade com Jesus.

Sua temporada em Nazaré foi, fundamentalmente, a procura de como "fazer companhia" e "acompanhar" Jesus no próprio ambiente em que ele se criou e viveu oculto 30 anos. Uma necessidade incontida de sentir-se bem achegado a Jesus e sua Sagrada Família imprimiu nele a marca indelével de sua espiritualidade. Nesse caminho encontrou em santa Teresa d´Ávila uma forma de espiritualidade e de oração, fundada na humanidade de Jesus e vivenciada como relação de amizade. "Oração é íntima relação de amizade, estando muitas vezes a sós com quem sabemos que nos ama", diz santa Teresa. "Rezar é freqüentar Jesus", afirma Ir. Carlos.

Viver a relação com Jesus, Bem-Amado Irmão e Senhor, em termos de amizade, de presença mútua, envolve também o tipo de personalidade daquele que crê. A personalidade do Ir. Carlos era dotada de extraordinária e vigorosa capacidade de relação afetiva. Por isso viveu plenamente o "já não vos chamo servos, mas amigos" nas relações de igualdade, liberdade e reciprocidade, características da verdadeira amizade. Nada de estranho, portanto, que o estilo afetuoso e cordial seja um dos núcleos do seu jeito de ser e de agir. Quem vivia uma relação tão íntima com Jesus no plano da amizade, só poderia exteriorizá-la em sua vida por meio da mesma relação com as pessoas e fazer dela o eixo da sua maneira de evangelizar.

A espiritualidade centrada na celebração e adoração da eucaristia carrega o desejo de "fazer companhia a Jesus e gozar de sua presença". O gozo da presença mútua é, precisamente, o que caracteriza a presença amiga. Nem sequer é necessário dizer algo. A presença do amigo basta como experiência de amor. A permanência das horas intermináveis na presença amiga de Jesus levou-o a colocar nos lábios do Mestre o significado da oração: "Orar é, antes de tudo, pensar em *mim* amando-me... Quanto mais se ama, melhor se ora... A oração é a atenção da alma amorosamente fixa em *mim*. Quanto mais amorosa a atenção, melhor é a oração. A melhor oração é a que contém mais amor".

E que dizer sobre as amizades na vida de Ir. Carlos? A criança órfã que foi e que de certo modo continuou sendo teve necessidade, ao longo de sua vida, de sólidas e afetuosas amizades. As numerosas cartas de Ir. Carlos expressam uma tonalidade vital, carinhosa e valorativa, impressionante. A intensidade, a regularidade, a maneira como escreve a seus amigos e saúda seus conhecidos são realmente comovedoras. Entre os que privaram de sua amizade através de suas cartas encontram-se Gabriel de Tourdes, amigo desde a infância; Maria de Bondy, a querida prima; padre Huvelin; Louis Massignon; Henri Lapérinne; monsenhor Guérin; Motylinski, lingüista que o ajudou a confeccionar o dicionário tuaregue; Musa ag Amastan, chefe dos tuaregues; dom Martin, padre Jerônimo, irmão Agostinho, monges trapistas.

Em toda a sua correspondência sente-se não só a preocupação com os detalhes das pessoas e da vida de cada um de seus correspondentes em seu cotidiano (saúde, trabalho, mudanças, dificuldades concretas, angústias de guerra...), mas também a atenção aos que fazem parte da família e do ambiente de cada um. A Trapa, o Exército, a família... Não podemos dar, aqui, detalhes de tudo isso, mas a leitura das suas cartas (insisto) nos revela a imagem de alguém que, embora se mostre tão rigoroso — por exemplo, na escolha dos candidatos à sua Fraternidade —, é um homem de coração imensamente afetuoso, que se alegra com o afeto de seus amigos, a quem quer bem e por quem é querido e precisado.

Maria de Bondy, padre Huvelin, monsenhor Guérin, entre outros, tiveram uma influência fundamental em sua vida. Por ocasião da morte desses dois últimos, escreve à prima:

> Certamente, é uma grande perda para mim a do monsenhor Guérin, mas não devo ser egoísta: é justo que os santos recebam a sua recompensa. Era uma alma admirável. Desfazia-se inteiramente em caridade e humildade. Por certo esse falecimento me causa grande sofrimento e um grande vazio. Podia contar totalmente com ele. No mesmo dia em que soube de sua morte, soube também da morte de um de meus amigos mais antigos, o comandante Lacroix. Todos esses vazios podem significar um futuro cheio de dificuldades de várias ordens. Mas aquele que tudo pode está aí e ele não nos faltará nunca... Se nosso pai (padre Huvelin) partir antes de nós, será uma perda irreparável. Merecer encontrar na vida um padre igual a ele é um bem inestimável que se pode esperar uma segunda vez, mas que nunca substituirá a primeira. Aquele que tanto nos sustentou, consolou por seu intermédio, dar-nos-á também o necessário.

A carta é de 16 de maio de 1910. Em 15 de agosto do mesmo ano recebe a notícia da morte de padre Huvelin. Por esse motivo escreve à prima uma carta em que evidencia a gratidão e a estima que dedicava àquele presbítero que soube conduzi-lo com mão firme e suave:

Jesus não proíbe as lágrimas. Longe disso, ele mesmo nos dá o exemplo... elas chegam em ação de graças ao Bom Deus e lhe expressam que sentimos o preço da graça que nos concedeu... Pelas suas últimas cartas, já esperava a partida do nosso pai. Mesmo assim, conservava um raio de esperança. É uma ruptura para mim como para você... Que Jesus seja bendito por tê-lo dado a nós, que seja bendito por tê-lo deixado tanto tempo conosco, que seja bendito por ter feito seu servidor entrar na glória eterna!

Poderíamos recordar testemunhos de tantas pessoas que evangelizam através da bondade. João XXIII, o papa bom, encantou o mundo com sua *sapientia cordis*. Sabia usar a inteligência para fazer seu coração falar, fazer sua mensagem chegar ao coração do outro. "Custe o que custar, quero ser bom para com todos." Sua mensagem e a abertura do Concílio Vaticano II ressoam atuais e necessárias.

De Ir. Carlos aprendemos a viver a caridade pastoral com o espírito de Nazaré: humildade e mansidão, entranhas de misericórdia e fome de justiça, ternura e vigor. Não somos burocratas de uma instituição poderosa e influente, nem funcionários de um culto ritualista e desencarnado, nem pregadores de uma doutrina que se julga superior às demais: somos pobres seguidores de Jesus de Nazaré. Com nossa vida e testemunho, desejamos ajudar as pessoas a descobrir e encontrar o Ressuscitado que já está presente no meio de nós. A partir do encontro com o Senhor, o Evangelho torna-se a única regra de vida e a Igreja, a comunhão dos irmãos que assumem o compromisso de transformar o mundo em Reino de Deus.

Por fim, Ir. Carlos nos convida a viver, acima de tudo, em qualquer lugar ou circunstância, a graça da fraternidade, da amizade, da gratuidade, do encontro. "A fraternidade é a casa de Deus, onde todo pobre, todo hóspede, todo doente é sempre convidado, chamado, desejado, acolhido com alegria e gratidão por irmãos que o amam." Logo que se estabeleceu em Béni Abbès, formulou este desejo: "Gostaria de que todos os habitantes, cristãos, muçulmanos, judeus, ateus chamassem minha casa de fraternidade e encontrassem em mim um irmão universal". A evangelização inculturada exige atitudes e gestos carregados de sensibilidade, abertura e acolhida ao outro, ao diferente, ao estrangeiro, pois toda cultura é feita de pequenas coisas, relações, valores, práticas e crenças que tecem o cotidiano e dão sentido à vida de um povo.

FRATERNIDADE E PASTORAL PRESBITERAL

Os encontros nacionais dos presbíteros (ENPs) são verdadeiros presentes do Espírito para a Igreja do Brasil. Estão ajudando a moldar a *identidade* presbiteral na perspectiva do Concílio Vaticano II e da caminhada da Igreja na América Latina. Através dos ENPs começamos a concretizar, a saborear a alegria da "íntima *fraternidade sacramental*" e a construir a *Pastoral Presbiteral*, que brotam do sacramento da ordem.

Particularmente o 7º ENP (1998), com o tema "Presbíteros rumo ao Novo Milênio", abordou com profundidade a necessidade da *Pastoral Presbiteral*.

Cresce em algumas dioceses a consciência de que é preciso dar um acompanhamento especial aos presbíteros. É louvável o esforço da Igreja em oferecer sua presença, apoio e assistência a grupos de pessoas em situações difíceis, criando pastorais específicas, tais como as várias pastorais sociais. Por que não criar uma pastoral específica para *acompanhar os presbíteros*? Sendo pessoas que se doam tanto pelo povo, muitas vezes não têm tempo nem condições de cuidar de si. A comunidade eclesial deverá despertar para cuidar daqueles que entregaram todo o seu coração, seu afeto e sua vida a serviço de Deus e de seu povo. Compete ao *bispo* diocesano e ao conselho presbiteral organizar a Pastoral Presbiteral para zelar pela vida e ministério dos presbíteros (texto-base do 7º ENP, pp. 28-29).

O principal agente da Pastoral Presbiteral deve ser o bispo, que, como o Bom Pastor, se empenha em valorizar os seus irmãos presbíteros, *conhecê-los com o coração*, para compreender sua história de vida, seus desejos e anseios, bloqueios e limitações. Espera-se do bispo que seja amável e acolhedor, que *promova a unidade* do presbitério em torno de si, como sinal do próprio Cristo. Por outro lado, os presbíteros procurem ser a presença do pastor junto ao povo, na pregação e na ação pastoral. É necessário que o bispo saiba onde mora cada presbítero, como vive, quais as carências e necessidades, para que possa oferecer uma presença de consolo, uma palavra firme, e aponte objetivos claros. Um bispo, relatando as conclusões de um trabalho em grupo, dizia na assembléia: "Mais que pai, o bispo precisa ser irmão dos presbíteros". Um eco do Evangelho que escutamos: "Não chameis a ninguém na terra de pai, pois um só é vosso Pai... e vós sois todos irmãos. Pelo contrário, o maior dentre vós deve ser aquele que vos serve" (Mt 23,9-11)

O bispo com os presbíteros e esses com o bispo promovam um ambiente saudável, de *unidade e amizade*, na própria Igreja local, na plena consciência de serem, juntos, sacramento do corpo de Cristo. Com sabedoria e realismo, assim se expressou padre Alberto Antoniazzi na assembléia:

> Não devemos ter medo de fazer propostas exigentes, contra a correnteza, contra a tendência individualista e hedonista. Podemos apostar num presbitério como verdadeira comunidade fraterna. Se não o fizermos, veremos os padres da diocese procurar solidariedade, fraternidade e entusiasmo em outros ambientes.

À luz do Evangelho (Mt 20,20-28), vamos refletir sobre o *valor da fraternidade*. Vamos contemplar nosso Mestre e Senhor Jesus como irmão de todos. Esse é um dos aspectos da sua personalidade que mais transparece nos evangelhos. "Para salvar-nos, Jesus veio a nós, misturou-se conosco, viveu entre nós no contato mais familiar e mais estreito. Para a salvação dos irmãos, nós também precisamos ir até eles, misturar-nos com eles, viver em íntimo contato familiar" (Carlos de Foucauld). Através de suas ações e palavras, Jesus nos ensina que a fraternidade que nasce da paternidade divina é uma urgente *necessidade*, um *sonho*, uma *humilde experiência*, um precioso *dom de Deus*.

A fraternidade é uma necessidade urgente

Ninguém vive sem amor. *Amar e ser amado* constituem a dupla via do amor. Nossa formação, de um modo geral, acentuou a dimensão oblativa do amor: sair de si mesmo, servir os outros. Por isso temos certa dificuldade para deixar-nos amar, para acolher o amor dos outros. Damos a impressão de que gastamos tanto tempo para tornar-nos cultos, superiores, juízes dos outros. E que temos a tendência de controlar nosso tempo, os agentes de pastoral, as finanças.

Quando alguém *aceita ser amado*, perde um pouco o poder que possui, pois deixa-se influenciar e, de certa forma, conduzir pelo outro. O medo de perder o controle explica as resistências de muitos para partilhar os sentimentos, as crises, os fracassos. Por causa disso e em função da organização hierárquica da Igreja, nossas relações vão-se tornando demasiado *verticais* e funcionais. Estamos prensados entre o bispo e o povo, que nos cobram de diferentes maneiras. Assim, é difícil estabelecer relações *horizontais*. E acabamos sendo privados das relações de igualdade e reciprocidade, essenciais para a amizade, e que realmente nos humanizam e personalizam.

A *identidade pessoal* não pode ser descoberta apenas com a pergunta "quem sou eu?". Correríamos o risco de encontrar uma identidade individualista, fechada em si mesma. Urge também perguntar "com quem ando? Com quem sou? De quem sou? Para quem sou?". As respostas a essas perguntas configuram relação, totalidade, busca de plenitude.

O coração fraterno possui muitas manifestações: *dar, receber, pedir, agradecer...* Aprender a dar, receber, pedir idéias, tempo, coisas, atenção, consolo... Quando meditamos a parábola do bom samaritano, geralmente nos identificamos com aquele que socorre, nunca com o caído, o necessitado. É preciso sentir-se livre para conseguir pedir, receber gratuitamente e saber dizer "graças!". Saber receber sem intrometer-se na vida dos outros. Receber uma criança, um mendigo, um aidético, um casal divorciado, uma prostituta... Amar com transparência, sem controlar, sem possuir. Na homilia de ação de graças pela recuperação de dom Luciano Mendes de Almeida, após o grave acidente sofrido em 1990, dom Serafim Fernandes pronunciou estas tocantes palavras: "Dom Luciano ama cada pessoa com a mesma naturalidade com que toma um copo d'água".

"Em nosso coração existe *mais amor* do que somos capazes de expressar", afirmou Segundo Galilea durante um retiro. Há em nós bloqueios afetivos, desconfianças, preconceitos, medo de sermos incompreendidos ou mal interpretados. No entanto, as pessoas que nos cercam, principalmente aquelas que trabalham e convivem conosco, precisam saber e sentir que nós as amamos. Relacionando-nos assim, também daremos sentido para a opção do *celibato*, a qual deve possibilitar maior liberdade e abertura para amar a todos, vencendo a tentação de controlar, possuir, dominar. Na opção celibatária, a relação homem/mulher exerce um papel importante, pois a castidade por causa do Reino imprime no presbítero a capacidade de estabelecer relações maduras com outras pessoas, tanto homens como mulheres. Tal relacionamento em nível de igualdade e reciprocidade da amizade é indispensável para o nosso crescimento e amadurecimento humano, afetivo e espiritual.

A fraternidade é um sonho

A fraternidade universal é o maior sonho de Deus. Coincide também com o sonho do coração de cada pessoa humana: *ser e viver como irmãos*, superando toda espécie de preconceitos e divisões!

Um dos pecados dos cristãos de hoje é a *incapacidade de sonhar*. Nossos sonhos vão-se tornando pequenos, mesquinhos, rasteiros, insignificantes. Com a desculpa de sermos realistas, concretos, práticos, eficientes, acabamos presos ao convencional, ao jurídico, ao institucional, às rubricas, ao imposto. Não será por este motivo que tantos jovens abandonam a Igreja? No entanto foi Jesus quem nos revelou o sonho que nenhuma religião descobriu: Deus é Pai que nos ama com coração de mãe! O Deus que estava longe como Senhor Altíssimo chegou perto de nós como *Abba*, Papai! No retiro que orientou para os bispos na 35ª Assembléia da CNBB, em 1996, frei Carlos Mesters lembrou que

no Antigo Testamento Deus é chamado de Pai só 15 vezes. No Novo Testamento, que é três vezes menor que o Antigo, Deus é chamado de Pai 245 vezes! É a explosão de uma experiência nova de Deus e da vida! *Deus é Pai com coração de mãe!* Esta é a grande boa notícia que Jesus nos trouxe.

O abismo que separa povos desenvolvidos e subdesenvolvidos, brancos e negros, homens e mulheres, prova que não reconhecemos a paternidade de Deus e estamos longe de viver a fraternidade universal. A sociedade piramidal, classista e excludente é antítese do cristianismo. Na fraternidade, esforçamo-nos para ser continuadores da primeira comunidade dos discípulos e discípulas de Jesus.

Quanto a vós, não permitais que vos chamem "rabi", pois um só é o vosso Mestre e todos *vós sois irmãos*. A ninguém chameis de Pai sobre a terra, pois tendes *um só Pai*, que está no céu. Nem permitais que vos chamem "guias", pois um só é vosso guia, Cristo. Antes, o maior entre vós será aquele que vos serve (Mt 23,8-10).

O novo céu e a nova terra que sonhamos é *mesaredonda* com espaço igual para todos, com pão repartido entre todos, conforme o sagrado direito da necessidade de cada um. Se o neoliberalismo é, em sua própria essência, excludente, o *cristianismo* é visceralmente acolhedor e *includente*, a partir dos últimos, que na ótica do Reino são os primeiros. Vivendo entre os nômades do deserto, entre os tuaregues e os muçulmanos, Carlos de Foucauld relata que um dos dias mais felizes de sua vida foi quando esses pobres chamaram sua choupana de "fraternidade" e a ele de "irmão universal"! Na *Divina Comédia*, Dante Alighieri descreve Francisco de Assis e os seus companheiros na glória do paraíso e diz que "eles encantaram o mundo com a sua concórdia (fraternura: fraternidade + ternura, dizem hoje os franciscanos) e com o seu rosto alegre".

Os sonhos cristãos são sociais, coletivos, envolvem homens e mulheres de todas as classes e nações, de todas as raças e línguas, de todas as culturas e religiões. Nos últimos anos, quem mais encarnou este sonho entre nós foi o Betinho, o militante da utopia. Revelou o rosto de 32 milhões de brasileiros excluídos, despertou a indignação ética e congregou pessoas e entidades na luta por pão, emprego e terra para todos. Um amigo que o conhecia bem assim concluiu o comentário sobre a sua morte: "Se houver céu, Herbert de Souza é uma das presenças improváveis. É do tipo que sentará na porta e só entrará quando todos os outros chegarem".

A fraternidade é uma experiência humilde

A fraternidade é algo concreto que se vai tecendo no dia-a-dia de nossa existência. É uma história de criaturas *carentes e frágeis*, mas que sabem repartir o riso e as lágrimas, os êxitos e os fracassos, os sonhos e as esperanças.

Na fraternidade, aprendemos a *respeitar* os outros em suas *diferenças*. "Se pensas diferente, tu me enriqueces", dizia dom Helder Camara. Em todas as relações humanas (não só entre os casais), cedo ou tarde, aparecem as diferenças. Numa fraternidade onde não surgem confrontos dificilmente se cresce no amor, dificilmente se constroem sólidas amizades. É preciso ter a coragem de interrogar-se mutuamente, com *suavidade e franqueza*, sem ter medo das tensões e dos possíveis confrontos. A falsa amizade vai minando e destruindo as relações fraternas.

Não seremos humanos enquanto, de modo consciente, não nos sentirmos fracos e carentes para necessitar de ajuda, compreensão e consolo de nossos irmãos. Ser fraterno é permanecer *aberto e vulnerável* para criar vínculos.

"Todos nós precisamos de um ombro para chorar, para partilhar nossos fracassos, crises e sofrimentos", costuma afirmar padre Dalton Barros. E quem é que compreende melhor o padre se não o outro padre? Dom Eduardo Koaik disse-nos na assembléia que "formadores dos presbíteros são os próprios presbíteros, pois se conhecem mutuamente e conhecem também suas potencialidades e fragilidades". Aprendemos a ser presbíteros uns com os outros. Aprendemos a ser presbíteros olhando também para o testemunho de nossos bispos, nossos irmãos mais velhos, mais experientes, com a plenitude do sacramento da ordem para serem modelos no amor e no serviço.

Bom presbítero não é aquele que se julga sempre forte, vencedor, bem-sucedido em tudo o que faz. Ao contrário, tem melhores condições de crescer aquele que faz a experiência de suas *carências e fragilidades* e se deixa amar, ajudar e conduzir por Deus e pelos irmãos. "Quando eras jovem, tu mesmo te cingias e andavas por onde querias. Quando fores velho, estenderás as mãos e outro te cingirá e te conduzirá aonde não queres ir" (Jo 21,18).

Fraternidade é um intercâmbio de vida para continuar peregrinando, pois o amor também se cansa. E quantos presbíteros caminham feridos, amargurados, cansados, quase mortos! A fraternidade possibilita uma humilde experiência que nos ajuda a caminhar com *alegria e esperança*, apesar das dificuldades e crises. Constitui, em última instância, uma comunidade de Igreja, espaço que viabiliza "as íntimas relações interpessoais na fé" (cf. *Puebla*, n. 641) e a experiência do encontro com Jesus. Como os discípulos de Emaús, através da partilha das preocupações, da Palavra e da eucaristia, descobrimos a presença de Jesus, o Bom Pastor Ressuscitado que caminha na nossa frente.

A fraternidade é um dom precioso do Senhor

A fraternidade é difícil. Exige mansidão, humildade, paciência, perseverança. Podemos completar a lista lendo 1Cor 13. Só o amor de Deus, derramado em nossos corações pelo seu Espírito, pode nos revestir da graça da fraternidade e do dom da amizade.

Francisco e Clara de Assis, Carlos de Foucauld, Mahatma Gandhi, João XXIII, Martin Luther King, Teresa de Calcutá, Oscar Romero, Helder Camara, santos e santas de ontem e de hoje, tinham uma idéia fixa: chegar a ser *irmãos universais* de cada pessoa, acima de qualquer cor, idade, raça, sexo, cultura, religião. Na fraternidade, pretendemos viver esta mesma aventura através da acolhida, do encontro, do serviço, do diálogo. Hoje, muitos buscam a felicidade apenas no acúmulo dos bens, no consumismo, no hedonismo. Nunca irão achá-la, pois ela só existe no *encontro amoroso*, respeitoso, cordial.

> Abrir-se para uma atitude de acolhida do outro, em especial de quem pertence a tradições religiosas e culturais diferentes. A acolhida se refere especialmente às suas experiências espirituais mais profundas. Esta atitude está alicerçada num espírito de *tolerância e respeito* e se realiza mediante o *diálogo aberto*, que valoriza a experiência do outro e o ajuda na sua busca, sem julgar nem condenar, nem impor (*Diretrizes gerais da ação evangelizadora da Igreja no Brasil – 1995-1998*, n. 346).

E completa Carlos de Foucauld: "Dar-se a todos para dá-los a Jesus — tendo para com todos bondade e afeição fraterna, prestando todos os serviços possíveis, afetuoso nos contatos, terno irmão para todos, a fim de conduzir pouco a pouco as almas a Jesus, praticando a sua mansidão".

Para ser cristão é indispensável *aprender a ser amigo*, tornar-se especialista em amizade. Creio que, sem trair o sentido radical de Jo 15,13, podemos traduzir "amor maior" por amizade. Jesus, Irmão de todos, Mestre na arte de amar, nos ensina que a amizade é a forma mais concreta, visível, universal e crível de viver o novo mandamento. Todas as outras formas de amor, se não forem acompanhadas pela amizade, acabam diluindo-se e morrendo. Acerta em cheio o poeta gaúcho Mário Quintana ao dizer que "a amizade é uma espécie de amor que não morre nunca".

Para enfrentar a avassaladora onda de individualismo e exclusão de nossa época, começa a crescer, em toda parte, o sentimento de *solidariedade* e a busca de integração e de unidade. "Outro mundo é possível" e nós, cristãos, temos uma contribuição imprescindível a dar! Para os presbíteros, o fundamento teológico de tal busca, além do mandamento novo, é "a íntima fraternidade sacramental" gerada pela ordenação.

> Os presbíteros, estabelecidos na ordem através da ordenação, estão ligados entre si por uma *íntima fraternidade sacramental*. De modo especial, formam um só presbitério na diocese para cujo serviço estão escalados sob a direção do bispo. Com os demais membros desse presbitério, cada qual está unido por laços especiais de caridade apostólica, de ministério e fraternidade (*Presbyterorum ordinis*, n. 8).

A fraternidade, decorrência e fruto do sacramento da ordem, precisa descobrir muitas formas para ser vivida e testemunhada entre os presbíteros e com o povo.

O ministério ordenado necessita recuperar sua vivência colegial. O Concílio Vaticano II redescobriu a natureza comunitária do ministério ordenado. Essa comunhão precisa ser vivenciada, afetiva e efetivamente, em todos os graus do ministério: na *colegialidade* episcopal e na *co-responsabilidade* presbiteral no interior de cada Igreja particular. A forma individualista do ministério ordenado, além de ser uma traição à sua própria essência, é um dos principais entraves à realização de uma Igreja toda ela responsável pela missão (*Diretrizes gerais da ação evangelizadora da Igreja no Brasil – 1995-1998*, n. 327).

Um cristão-presbítero isolado não descobriu a essência do cristianismo nem do sacramento da ordem. O individualismo nos isola, corta relações. A fraternidade cria laços gerados pela graça do encontro e da amizade. Padre Nildo Júnior, da Arquidiocese de São Paulo (região de São Miguel), morto num acidente automobilístico com apenas dois anos de ministério, costumava repetir aos irmãos do seu presbitério: "Somos tão poucos, precisamos nos amar muito".

A fraternidade é um precioso dom que devemos suplicar ao Senhor todos os dias. Na intimidade com o Bem-Amado Irmão e Senhor Jesus e na graça da amizade, aprenderemos a olhar o mundo com os *olhos de Deus* e a amar as pessoas com o *coração de Deus Pai e Mãe*. Permitiremos, assim, que o Amor do Bom Pastor passe aos irmãos e às irmãs através do nosso amor e da nossa caridade pastoral (Jo 15,9-17; 3,13–24; 4,7-21; Rm 12,8-18; Cl 3,12-17; 1Cor 13,1-13).

TESTEMUNHOS: UMA FÉ EUCARÍSTICA "PLENA", "DESPOJADA", "TRANSBORDANTE"

Dom Lorenzo Chiarinelli, bispo de Viterbo

As etapas da vida do Ir. Carlos são muito diferentes. Isto levaria a pensar que também sua vida espiritual foi variada, talvez instável, fragmentada. Na realidade, não é assim.

Podemos qualificá-lo como "um homem agarrado por Deus". Sim, Deus — procurado, descoberto, amado, imitado no mistério de Nazaré — é o ponto que unifica todos os momentos de sua existência e a chave para interpretar suas opções, atividades, escritos, relações.

Ir. Carlos escreveu, em 14 de agosto de 1901, a Henri de Castries: "Quando acreditei que Deus existia, descobri também que não podia viver senão unicamente para ele: minha vocação religiosa nasceu na mesma hora que minha fé. Deus é tão grande! Há uma diferença tão grande entre Deus e tudo o que não é ele!". Esta é a sua descoberta fundamental, absoluta e unificante.

Aqui estão, então, seus passos no seguimento radical de Cristo: encontro com padre Huvelin, peregrinação à Terra Santa, austeridade da Trapa, serviço humilde em Nazaré. Sedento de oração, de pobreza, de penitência para si e de partilhar com os outros o tesouro de amor que queima no coração. Por isso prepara-se para a ordenação sacerdotal

(1901) e, depois da estadia em Béni-Abbès, se estabelece em Tamanrasset (1905), em pleno deserto, entre os tuaregues, para amá-los e servi-los. Tudo com um ideal e uma regra de vida: imitar a vida escondida de Jesus de Nazaré: "Viver, na solidão, a pobreza, o trabalho humilde de Jesus, em tudo procurando fazer o bem às almas, não pela palavra, mas pela oração, pela oferta do santo sacrifício, pela penitência, pela prática da caridade".

A fé de Ir. Carlos é uma fé plena (ela o une a Deus e o transforma). Uma fé despojada (é sua alegria no coração do deserto). Uma fé transbordante (faz dele o irmão universal). A eucaristia é o oceano de amor onde ele se perde.

"Meu Pai, a vós me abandono." Essa invocação tão familiar a milhares de cristãos exprime o grito de confiança, de esperança, de serenidade que acompanhou Ir. Carlos, sempre certo de que Deus é "o Senhor do impossível". "Quando se ama, existe só uma coisa: *aquele* que se ama, o resto do mundo é nada, é como se não existisse." Ele viveu até o fim esta descoberta: "A essência do cristianismo é o amor e se chama Jesus" (carta a J. Hours, 1913).

"Nunca amarei bastante"

A padre Huvelin, guia espiritual de Ir. Carlos desde sua conversão, é atribuída esta afirmação: "Nunca amarei bastante". De Ir. Carlos se poderia dizer: "Vou até o fim no caminho do amor". É esse amor que o conduz à imitação da vida de Nazaré ao pé da letra. É esse amor que o torna igual aos mais abandonados dos pobres. É esse amor que o faz participar do "trabalho de Jesus", a sua cruz, e que tinha tanto desejado selar dando a própria vida como oferta de amor.

Neste ponto, relendo tantos e uníssonos testemunhos, poderíamos deter-nos sobre as singulares virtudes praticadas pelo servo de Deus. Seria um gozo espiritual, mas pareceria supérfluo como acender uma vela para colocá-la debaixo do sol resplandecente. Vale como síntese a palavra do arcebispo de Aix-en-Provence, monsenhor Carlos de Provenchères:

> Sua vida foi um ato de amor. Num mundo convulsionado pelas guerras, é fascinante encontrar um homem que acredita, que reza, que ama. Sua influência não cessou de difundir-se. São numerosos os que encontram, em contato com ele, a graça de uma renovação espiritual. Ele gritou o Evangelho com toda a sua vida. Procurou a pobreza e a abjeção até chegar a excessos surpreendentes. Amou seus irmãos, em particular aos mais desprezados, com uma delicadeza e abnegação desconcertantes (1952).

Por fim, a santidade heróica de Ir. Carlos é reconhecida e condividida até entre os muçulmanos.

"Um caminho sobre as ondas"

"Charles de Foucauld é um homem que não cessa de nascer. Aparecerá, amanhã, como um dos mais puros místicos do século XX e, sem dúvida, como um santo" (Jean Guitton). Ir. Carlos de Jesus, o irmãozinho universal, com certeza, foi "um farol" aceso por Deus no século XX. "Leigos, sacerdotes diocesanos, religiosos encontram, em contato com esta alma, tão generosamente fiel ao Evangelho, um jeito novo de viver a sua vocação", sublinha padre René Voillaume. Este jeito novo é o paradoxo. "Foi monge sem mosteiro, mestre sem discípulos, penitente que mantinha, na solidão, a esperança de um tempo que não devia ver" (René Bazin).

E o paradoxo foi este: colocar os próprios passos nas pegadas de Jesus. É a sua santidade como um todo que oferece à Igreja e ao mundo um singular estilo de vida, de escolhas radicais que constituem uma mensagem preciosa. Seu estilo é "a coincidência dos opostos": contemplação e ação, permanência solitária com Deus e dedicação incondicional às pessoas, aniquilamento da cruz e a terna humanidade da amizade, heroísmo da vida e causalidade da morte. Por isso suas opções são originais, seus caminhos são inéditos, seu estilo, enfim, é um paradoxo!

Ir. Carlos é um convertido; sua vida testemunha a irrupção de Deus, que gera alegria pela descoberta e necessidade incontida de partilhá-la com os outros. Com urgência.

Ir. Carlos apaixonou-se por Jesus e quis segui-lo, imitá-lo, anunciá-lo até os confins do mundo e até o fim dos tempos. Assim, o Evangelho tornou-se "regra de vida" (*forma vitae*), o encontro com Cristo tornou-se corpóreo, acima de qualquer "monofisismo", e o mistério de Nazaré apareceu-lhe como "enigma" experimental do Mistério de Deus.

Daqui irrompe a solidariedade com os pobres, os mais pobres, e a fraternidade universal. "É da plenitude do amor de Cristo na sua alma" — escrevem Denise e Robert Bazzat — "que transborda seu amor fraterno a cada pessoa" (*Vida de Charles de Foucauld*).

Para compreender Ir. Carlos, é preciso recordar, sempre, que foi um homem agarrado por Deus. "Faz-se o bem", escreveu ele mesmo, "não tanto pelo que se diz ou se faz, mas na medida da graça de Deus que acompanha nossas ações."

Em *É meia-noite, doutor Schweitzer*, sugestivo romance de G. Cesbron, num diálogo fictício, porém altamente evocativo, "padre" Carlos é interrogado a respeito do caminho que percorreu para chegar até aquele ponto. A resposta: "Caminhei sobre as ondas. Recordas o Evangelho? Quando alguém escuta claramente o 'vem' saído dos lábios do Senhor, basta caminhar, sem sombra de dúvida, ainda que pareça uma loucura". É a loucura da santidade de Ir. Carlos de Jesus.

Um farol que Deus acendeu para nós

Eis que hoje, na Igreja e diante do mundo, é aclamado pela heroicidade das virtudes este "farol" que Deus, com seu Espírito, acendeu para nós. Isso vem confirmar milhares de irmãos e irmãs que, em todas as partes do mundo, retomam a aventura de Ir. Carlos de Jesus através de caminhos árduos e freqüentemente inexplorados e anunciam, antes gritam, Cristo dentro dos dramas da história para transmitir esperança. Isso também iluminará e aquecerá os recônditos sombrios e os corações áridos deste início de milênio.

Nele continuará a cumprir-se a antiga profecia: "O deserto florescerá e a terra seca se mudará em jardim... e desaparecerão a tristeza e a dor" (Is 35,1-10).

Se for verdade que o mundo contemporâneo precisa de testemunhos, aqui está um surpreendente e paradoxal: Ir. Carlos de Jesus.

Carta do *papa Paulo VI* a dom Geoges Mercier, bispo de Laghouat, Saara, por ocasião do cinqüentenário da morte de Carlos de Foucauld, em 1º de dezembro de 1966:

Como não me unir à vossa ação de graças ao Senhor, que fez de uma morte solitária o embrião de uma numerosa família espiritual, particularmente atenta às necessidades e às aspirações do mundo de hoje? Toda a vossa família religiosa assinala na história da Igreja um ato da Providência, que renova os testemunhos de fidelidade ao Evangelho, que torna felizes as almas com o amor de Jesus e as capacita, mediante sua humildade, sua pobreza, seu exemplo, para irradiar no mundo a mensagem evangélica.

Com sua fé ardente e generosa, com seu amor apaixonado por Jesus, com seu respeito pelas pessoas, com sua predileção pelos mais pobres, nos quais sabia descobrir o reflexo do rosto do Filho do Homem, Ir. Carlos, depois de sua morte, jamais cessou de atrair um número cada vez maior de pessoas ao mistério de Nazaré. O seu próprio caminho, depois do abismo em que mergulhou durante "12 anos sem acreditar em nada, sem esperança na verdade e sem acreditar em Deus", até a culminância do abandono na imitação do "único modelo", em perfeita conformidade com sua vida, não é por acaso um poderoso e cativante exemplo do que pode fazer a graça do Senhor quando acolhida por uma pessoa de boa vontade?

O *papa João Paulo II*, por ocasião do colóquio organizado para celebrar o centenário da ordenação presbiteral de Ir. Carlos, em 1º de junho de 2001, enviou uma carta a dom François Blondel, bispo de Viviers, com o significativo título "A contemplação constitui o fundamento da vida espiritual e da fecundidade apostólica de Carlos de Foucauld". Cito duas passagens:

Na carta apostólica *Novo millennio ineunte*, recordei que a contemplação de Cristo é o dinamismo missionário da

Igreja. Essa contemplação constitui o fundamento da vida espiritual e da fecundidade apostólica de padre Carlos de Foucauld, imprimindo em sua existência uma tonalidade predominantemente eucarística. A caridade pastoral do seu querido Irmão e Senhor Jesus, recebida na vida cotidiana por meio da meditação da sua Palavra e no sacramento da sua presença real, impele-o a compartilhar a vida da Sagrada Família de Nazaré, para permanecer mais próximo do Mestre. Foi no eremitério de Nazaré que ele viveu a profunda experiência do mistério da encarnação, da qual quis falar, citando as próprias palavras das Escrituras: "'Emanuel, Deus conosco', eis, por assim dizer, a primeira palavra do Evangelho... Estou convosco até a consumação dos séculos, eis a última".

Enquanto dou graças pelo testemunho de padre Carlos de Foucauld, encorajo todas as pessoas que hoje se inspiram no seu carisma a continuar o seu apostolado numa unidade, cada vez maior, entre os diferentes institutos, e a seguir, com generosidade e audácia, sua mensagem e seu exemplo. No início de um novo milênio, "é a hora de uma nova fantasia da caridade" (*NMI*, n. 50), à qual os membros da família de padre de Foucauld são convidados, sobretudo nos países em que existem tensões entre as comunidades culturais e religiosas, nas nações onde as pessoas são submetidas a condições de vida difíceis e junto aos numerosos pobres da sociedade moderna. Fiéis à eucaristia, estarão próximos de todos os seres humanos e serão capazes de amar à maneira de Jesus. Fiéis ao seu compromisso junto dos pobres, hão de testemunhar o amor de Deus, lançando na história "aquelas sementes do Reino de Deus, que foram visíveis na vida terrena de Jesus, ao acolher quantos recorriam a ele para todas as necessidades espirituais e materiais" (*NMI*, n. 49).

Ir. Carlos, que, para traduzir o Evangelho, aprendeu a língua dos tuaregues, compondo um léxico e uma gramática no idioma, não exorta, porventura, as pessoas que se inspiram no seu carisma a entrar em diálogo com as culturas dos seres humanos de hoje e a percorrer o caminho do encontro com outras tradições religiosas, em particular com o islã? Assim, as diferentes comunidades religiosas serão verdadeiramente comunidades comprometidas num diálogo de respeito, e nunca mais como comunidades em conflito (Discurso na Mesquita Omeyade, na Síria, em 6 de maio de 2001). Faço votos para que as intuições espirituais de padre Carlos de Foucauld continuem a imbuir a vida da Igreja, testemunhando, desta forma, que o amor é mais forte do que todos os tipos de divisão.

O *cardeal José Saraiva Martins*, durante a homilia da beatificação, no dia 13 de novembro de 2005, assim se expressou:

Carlos de Foucauld teve uma grande influência sobre a espiritualidade do século XX e permanece, no início deste terceiro milênio, um ponto de referência fecundo, um convite e um estilo de vida radicalmente evangélico, tudo isso para além de quantos pertencem aos diversos grupos de que a sua família espiritual, numerosa e diversificada, se compõe. Acolher o Evangelho em toda a sua simplicidade, evangelizar sem querer impor, dar testemunho de Jesus no respeito às outras experiências religiosas, reafirmar a primazia da caridade vivida na fraternidade, eis alguns dos aspectos mais importantes de uma herança preciosa que nos exorta a fazer com que nossa vida consista, como a do bem-aventurado Carlos, em "anunciar o Evangelho sobre os telhados... anunciar que somos de Jesus".

O *papa Bento XVI*, no final da celebração da beatificação, depois de ter incensado e venerado as relíquias dos novos bem-aventurados, assim falou sobre Ir. Carlos:

> Demos graças pelo testemunho oferecido por Carlos de Foucauld. Com sua vida contemplativa e escondida em Nazaré, ele encontrou a verdade da humanidade de Jesus, convidando-nos a contemplar o mistério da encarnação. Nesse lugar, ele compreendeu muito acerca do Senhor, a quem desejava seguir com humildade e pobreza. Descobriu Jesus, que veio entre nós na nossa humanidade. Convida-nos à fraternidade universal, que viveu mais tarde no deserto do Saara, e ao amor, de que Cristo nos deu o exemplo. Como sacerdote, colocou a eucaristia e o Evangelho no centro da existência, as duas mesas da Palavra e do pão, fonte da vida cristã e da missão.

O *cardeal José Saraiva Martins*, uma semana após a beatificação, publicou, no *L' Osservatore Romano*, um longo artigo intitulado "Bem-aventurado Carlos de Foucauld, profeta da fraternidade universal". Conclui assim:

> Ao sondar as raízes mais profundas da vida interior de Carlos de Foucauld, percebe-se que, provavelmente, poucas espiritualidades, como a sua, são adequadas ao mundo atual. A sua é uma espiritualidade que nos leva à essência do cristianismo, e fez descobrir a pobreza evangélica às almas modernas, não no seu vago sentimentalismo, mas na sua força radical, mostrando às pessoas tão fascinadas pelo consumismo o verdadeiro sentido de Deus. Ir. Carlos pode guiar-nos, hoje, a comportar-nos como verdadeiros irmãos de todos os seres humanos, indistintamente, não por um simples humanitarismo, mas graças à comunhão de amor com o coração de Cristo.

No final desta reflexão, o que guardar com carinho em nosso coração?

1. Todo discípulo de Jesus é uma pessoa convertida que precisa de contínua conversão. "É preciso mudar muito para permanecer o mesmo" (dom Helder Camara). A vida de Ir. Carlos se constitui de sucessivas conversões. Conversão a Jesus de Nazaré e ao Evangelho. "Voltemos ao Evangelho. Se não vivemos o Evangelho, Jesus não vive em nós." "*Jesus Caritas.*" "A essência do cristianismo é o amor e se chama Jesus." É da plenitude do amor de Cristo em sua vida que transborda seu amor fraterno a cada pessoa. Se fizermos o propósito de amar mais, certamente estaremos levando o fruto mais precioso com que o Senhor nos presenteou.

2. Vamos assumir e colher os frutos dos *Meios para uma espiritualidade presbiteral* (Celso Pedro da Silva e José Bizon, São Paulo, Loyola, 2005), propostos pela Fraternidade Sacerdotal *Jesus Caritas*: dia de fraternidade, dia de deserto, revisão de vida, mês de Nazaré, meditação do Evangelho, adoração eucarística... Meios simples, ao alcance de todo o presbítero que descobre que o êxito da evangelização depende, em grande parte, da espiritualidade e da mística de quem evangeliza: pouca estrutura, vontade de estar junto, apoio mútuo, presença gratuita e despretensiosa, primado da caridade vivida na fraternidade, estar com Jesus no último lugar. Ou, como nos diz Ir. Carlos: "Faz-se o bem não tanto por aquilo que se diz ou se faz, mas na medida da graça de Deus, que acompanha nossas ações".

3. Na espiritualidade de Nazaré, aprendemos a valorizar o diálogo, a acolhida, as visitas, a hospitalidade. Tudo aquilo que Ir. Carlos chamava de "apostolado da bondade".

"Meu apostolado deve ser o apostolado da bondade. Quem me vê deve pensar: já que esse homem é tão bom, sua religião deve ser boa. E se me perguntarem porque sou manso e bom, devo responder: porque sou servo de um outro muito melhor que eu. Ah! Se vocês soubessem como é bom o meu Senhor Jesus. Gostaria de ser tão bom, que se pudesse dizer: se o servo é assim, como não será, então, o Senhor? O sacerdote é um ostensório, seu papel é mostrar uma boa recordação na alma de todos os que vierem até mim. Tornar-me tudo para todos. Rir com os que riem, chorar com os que choram, para levar todos a Jesus".

Vale, como exemplo, o testemunho de um bispo que um amigo e eu visitamos um dia e nos marcou muito: "Certa ocasião, conhecendo dom Valter Bini, sem saber que já era a despedida (porque ele partiu, logo depois, num acidente), perguntamos, um amigo e eu, como ele vivia sua vida de bispo em Lins, quais os maiores desafios etc. Ele nos respondeu que procurava aproximar-se muito das pessoas, ouvi-las, dialogar, participar de sua vida. Buscava reduzir ao máximo suas horas de 'burocracia eclesiástica' para ir ao encontro das pessoas. Nesse quadro, o maior desafio, o maior sofrimento, disse-nos ele, era o de não conseguir, muitas vezes, por diversos fatores, ser bem achegado, colocando-se bem perto mesmo. E então nos contou um fato que agora, na luz do Ressuscitado, não deve mais lhe provocar a tristeza que vimos no seu rosto, porque ali toda a lágrima será enxugada... Tratava-se de uma jovem, colaboradora na cúria e na pastoral, muito próxima do bispo no cotidiano, que um dia viajou inesperadamente para uma cidade vizinha, e lá, no hospital, veio a falecer. Causa mortis: complicação no parto de uma criança não-desejada. Ambas morreram. Dom Valter, ao falar, transmitia toda a dor sincera que o invadia: 'Como é possível que uma pessoa que está sofrendo ao nosso lado não tenha a coragem de abrir o coração?'. Sua interrogação se desdobrava em lamento ante o irremediável" (Padre Antonio Reges Brasil, *Cadernos Vocacionais* 26, São Paulo, Loyola, p. 66, 1991).

4. Ir. Carlos nos ensina a pobreza e a *opção preferencial pelos pobres*. A prova decisiva dessa opção não depende das idéias sociais e políticas avançadas que elaboramos em torno dos pobres, mas da maneira como acolhemos e nos relacionamos com o pobre que nos interrompe, que às vezes nos engana, que é impertinente e egoísta, sem os valores e os dinamismos que os ideólogos lhe atribuem. O pobre, bem concreto, simplesmente com sua presença e sofrimento, questiona nosso estilo de vida, arranca-nos de nossos planos, impede-nos de racionalizar o Evangelho. "Os pobres nos evangelizam", diz o *Documento de Puebla*. Na *Carta aos presbíteros*, os bispos nos vêm ou gostariam de ver assim: "É para nós um fato edificante e até questionador a condição de pobreza real que muitos de vocês abraçam por causa de Jesus e do Evangelho. Vivendo em comunidades das periferias urbanas e em regiões isoladas do interior, partilham

as dolorosas carências da população empobrecida e marginalizada. Esse estilo de vida despojado, simples e austero torna-se testemunho e autêntica expressão da evangélica opção pelos pobres, dimensão essencial da identidade dos seguidores de Jesus" (São Paulo, Paulinas, 2004. Col. Documentos da CNBB, n. 75, n. 7).

Em outra passagem, lamentam que "a convicção da evangélica opção pelos pobres, elemento constitutivo da espiritualidade do presbítero, está-se arrefecendo. Esta espiritualidade é vivida quando o presbítero se faz pessoalmente presente no mundo dos pobres, solidário nas situações de sofrimento e de conflito social, apoiando as pastorais sociais, iniciativas de nossa Igreja no empenho na promoção de políticas públicas em vista do bem comum, tais como o Mutirão de Superação da Miséria e da Fome e a defesa dos legítimos interesses dos povos indígenas e afrodescendentes, dentre outras" (id. n. 45).

Positiva, aqui, é a afirmação de que a opção pelos pobres é elemento constitutivo da nossa espiritualidade. Será que a opção pelos pobres recebe o mesmo destaque que damos à Palavra de Deus, à eucaristia, à devoção a Maria? Somente quando assumida na espiritualidade, a opção pelos pobres deixa de ser fator de divisão, passando a ser elemento integrador das pastorais e de toda ação evangelizadora da Igreja. A opção pelos pobres brota da misericórdia e da justiça do coração de nosso Deus que se revelou em Jesus de Nazaré, rosto humano de Deus e rosto divino do homem.

5. Compromisso com a Igreja e fidelidade ao espírito do Concílio Vaticano II. Sob vários aspectos Ir. Carlos foi precursor desse novo Pentecostes, maior acontecimento eclesial do século XX. Ele seguiu um caminho evangelizador novo, surpreendente. Rompeu os esquemas eclesiásticos doutrinários e impositivos e adotou o caminho do diálogo, da inserção e do testemunho. Para quem trabalha na base, há sempre espaço de liberdade para a criatividade e as inovações. Não costumamos dizer que a renovação sempre irrompe da base? Por que não somos mais audaciosos, generosos e criativos para evangelizar com novos métodos, novos conteúdos, novo ardor? Por que culpar os outros se, muitas vezes, a estagnação ou involução acontecem por conta de nossa mediocridade, acomodação, aburguesamento, falta de criatividade? Os bispos nos incentivam: "Quando vocês demonstram, muitas vezes, que aspiram por mudanças na forma de a Igreja dar continuidade à obra de Jesus Cristo na realidade de hoje, é surpreendente com que dedicação e espírito de entrega o fazem" (Documentos da CNBB, n. 75, cit., n. 20). Os bispos solicitam nossa ajuda na formação de novos presbíteros: "Ajudem-nos para que o processo formativo fortaleça as dimensões humano-afetiva, espiritual, pastoral, comunitária e intelectual, e não contribua para a formação de padres acomodados, 'burgueses', 'meros funcionários da instituição'. Ajudem-nos para que o candidato ao presbiterado vivencie, durante o processo de discernimento vocacional, a experiência de ter o Cristo Servo-Pastor como referência absoluta para o que ele foi chamado: a vida no ministério" (id. n. 34).

6. Agora que o carisma de Ir. Carlos foi reconhecido e apresentado a toda a Igreja como modelo de espiritualidade e evangelização, vamos contribuir com mais empenho para sermos semente de fraternidade em nossos presbitérios e levar adiante a pastoral presbiteral como nos recomendam os bispos: "A vivência em presbitério tem sido, sem dúvida, para todos nós, uma fonte inesgotável de aprendizado da vivência ministerial. Aí encontramos ajuda mútua para, como ministros ordenados, garantirmos a fidelidade no seguimento de Jesus. É também fonte pedagógica para a correção de possíveis distorções que podem surgir no exercício do ministério, pois da convivência entre nós brotam perguntas sobre o relacionamento nem sempre fraterno que, por vezes, tem se revelado subserviente com os superiores e autoritário com os subalterno. A fraternidade presbiteral nasce do sacramento da ordem e nos ajuda a acolher no coração a afirmação profética de João Paulo II: 'O ministério ordenado tem uma radical forma comunitária e apenas pode ser assumido como obra coletiva' (*Pastores dabo vobis*, n. 17). A vida em presbitério é, sem dúvida, um dom de Deus, que merece sério cultivo da parte de todos. Sinais concretos desse cultivo têm sido também a busca de uma convivência fraterna com os diáconos permanentes, religiosos e religiosas, e com os leigos e leigas, co-responsáveis na obra da evangelização" (Documentos da CNBB, n. 75, cit., n. 21).

7. A "busca do último lugar" no seguimento de Jesus nos leva a mergulhar no abismo do sofrimento e

da miséria humana de milhares de brasileiros para, através da força do Ressuscitado, reerguer homens e mulheres decaídos e excluídos. "Pobres sempre tereis no meio de vós" (Mc 14,17). E se não forem recebidos em nossas igrejas e instituições ou, pior ainda, se forem tão mal recebidos e maltratados como o são nas repartições públicas, em que outro lugar poderão esperar acolhida, atenção e respeito?! Quanto maior for a miséria, tanto maior deverá ser a misericórdia. "Tudo o que fizerdes ao menor dos meus irmãos, é a mim que o fazeis" (Mt 25,40).

"Não temos o direito de ser sentinelas adormecidas, cães mudos, pastores indiferentes", escreveu Ir. Carlos ao abade dom Martin no dia 7 de fevereiro de 1902. A sentinela tem a função de vigiar, proteger, por isso deve estar atenta o tempo todo. Devorados pelo Evangelho e pelo serviço aos irmãos, não há pausa para o amor pastoral. Somos cães ruidosos, ladrando para dar sinal, reagindo a alguma presença indébita, por vezes mordendo. Não reagimos, porém, pela violência dos instintos. Somos inteligentes e racionais. O que não podemos é ficar quietos quando é preciso falar. Vantagens pessoais, interesses carreiristas, privilégios egoístas não nos impedirão de dar o sinal quando a justiça estiver comprometida, quando a misericórdia for abandonada. "É preciso tocar as chagas dos crucificados para encontrar o Ressuscitado." Solidariedade e misericórdia com os que são crucificados e denúncia profética aos que crucificam.

SUMÁRIO

APRESENTAÇÃO...5

IRMÃO CARLOS DE JESUS: O HOMEM
DO VENTO OU UMA VIDA PORTADORA
DO SOPRO DO ESPÍRITO 7

Primeiro período: do nascimento à entrada na Trapa
(15 de setembro de 1858 a 15 de janeiro de 1890).........9

Segundo período: as duas partes de um noviciado
(janeiro de 1890 a agosto de 1900) 17

Terceiro período: de 1900 até o final da vida................26

IRMÃO CARLOS SOB O SIGNO DA
CONVERSÃO PERMANENTE 41

A doença 42

A solidão..43

Angústia pela salvação dos seres humanos 44

Uma vida inútil 45

Sem eucaristia 45

Meu Pai, a vós me abandono!...46

No entanto tão rico 47

Mudança e conversão 48

Uma parábola do Reino 50

VIDA CENTRADA NA EUCARISTIA
DESTE MISTÉRIO 53

DESERTO: LUGAR DO ENCONTRO COM DEUS..............67

"ORAÇÃO DO ABANDONO" 77

Introdução 78

A oração do Filho 78

Uma oração de oferta 79

Uma oração de confiança 80

Uma oração de abandono 80

Uma oração de conformidade com a vontade do Pai ...81

Uma oração de ação de graças 82

Uma oração-declaração de amor 82

Uma oração na medida do amor 84

A oração termina como começou 85

Teresinha de Lisieux e Carlos de Foucauld 86

O abandono a Deus na posteridade de Carlos

de Foucauld 87

"A semelhança é a medida do amor" 89

PREGAÇÃO DE PAULO: EVANGELHO DA CRUZ.
IRMÃO CARLOS: A BUSCA DO ÚLTIMO LUGAR 91

JESUS E IRMÃO CARLOS: EVANGELIZAR COM
MEIOS POBRES 101

Jeito de evangelizar de Irmão Carlos 102

FRATERNIDADE E PASTORAL PRESBITERAL 113

A fraternidade é uma necessidade urgente..........115

A fraternidade é um sonho.........................117

A fraternidade é uma experiência humilde............119

A fraternidade é um dom precioso do Senhor..........121

TESTEMUNHOS: UMA FÉ EUCARÍSTICA "PLENA",
"DESPOJADA", "TRANSBORDANTE"...........................125

Dom Lorenzo Chiarinelli, bispo de Viterbo...............125
"Nunca amarei bastante"..126
"Um caminho sobre as ondas".................................127
Um farol que Deus acendeu para nós.......................129
No final desta reflexão, o que guardar com carinho
em nosso coração?..134

CADASTRE-SE

www.paulinas.org.br

para receber informações sobre nossas
novidades na sua área de interesse:

- Adolescentes e Jovens • Bíblia
- Biografias • Catequese
- Ciências da religião • Comunicação
- Espiritualidade • Educação • Ética
- Família • História da Igreja e Liturgia
- Mariologia • Mensagens • Psicologia
- Recursos Pedagógicos • Sociologia e Teologia.

Telemarketing 0800 7010081

Impresso na gráfica da
Pia Sociedade Filhas de São Paulo
Via Raposo Tavares, km 19,145
05577-300 - São Paulo, SP - Brasil - 2007